JN086122

小口基實

A Master Gardener Reveals
THE ALLURE OF
THE JAPANESE GARDEN

庭師の匠が説く

日本庭園の魅力

目次

ウィーン（オーストリア）のシェーンブルン宮殿内に造った茶庭

平成10年9月から作庭が始まったが、現地調達の「飛石《とびいし》」「敷石」の材料がなく、特に茶庭の「飛石」には、困り果ててしまった。私の望んでいた石がほとんど手に入らなかったのである。敷石用の材料もあり合わせで、茶庭を造ることになってしまった。救われたのは、京都伝統工芸士である西村金造氏の好意でコンテナに積むことができ、「石灯籠《いしどうろう》」と「手水鉢《ちょうずばち》」を据えられたことである。

世界遺産の中へ永久保存される作品を造るということは大変なプレッシャーで、ウィーンに来る前は、夜中に目が覚めることが連日であった。オリンピックの選手は、この何倍ものプレッシャーであろう。現地へ来ても同じである。夜中、作庭のことで気になって目が開く、そこで、いろいろと考えるのは苦しいけれど、楽しいことでもあった。

結果的に敷石は、なるべくさまざまな石を混ぜることで納まった。御影《みかげ》の板石もあった。また飛石工事は、青石を敷き並べたが、飛石はなるべく少なくした。結果として、四国地方の青石での茶庭のようになった。そして飛石まわりに敷地内の苔《こけ》を張って、なんとか納まったと思う。これもボランティアの大勢の地元日本人の女性たちが働いてくれたからである。こうして、苔の美しさをウィーンの人たちにわかってもらえたのはよかった。

シェーンブルン宮殿の建築を見る。

草を抜いたり取り除いたりした池と石組《いわぐみ》が見られるように整備した。京都の仲隆裕先生を中心とする京都グループが行った。

発見したときの写真。中央部にある松の形の幹などが盆栽形であった。

枯山水と日本の美意識

水のない庭を、「枯山水《かれさんすい》」と呼ぶ。千年を超える昔から、日本庭園の手法であった。枯山水の「鶴・亀」は、日本庭園を代表する様式である。外国では、このスタイルの庭は「禅ガーデン」と呼ばれることが多い。京都の「禅寺」は、砂を水に見立てる。

作庭にあたり、あちこちの庭石を見たが、動物園から運んだ石が割合によく、それを使って石組ができた。でき栄えは、まずまずだと思っている。多くの人から「日本から持ってきた石か？」と聞かれたが、この石は、アルプスあたりの石であるらしい。

日本から送った50袋のさび砂利を用いて、砂紋《さもん》を描けるような面積にということで、「地模様」は最後まで悩んだ。砂が足りないので、追加分を買いに行くというわけにいかないからである。実際には、もっと砂の面積を広くしたかった。そうすれば、もっと伸び伸びとした庭になったと思う。網代垣《あじろがき》も、右側は透かしを倍の大きさにして、高さが1・4メートルで許可された。本来は低い竹垣であった。つくづく、世界遺産の中での作庭は、難しいと思った。

完成した日本庭園を見たウィーンの人たちから、

「心が死んでしまう」

「心が落ちてしまう」

「心が沈んでしまう」

という言葉が聞かれた。

そのことを、元フライトアテンダント（客室乗務員）の通訳の女性に言うと、「先生、ドイツ語には、『落ち着く』という語がないのです」と教えてくれた。

本人はウィーン一番の「哲学者」だそうだが、

一、左右対称でないのに、なぜ美しいのか。

二、花が1本もないのに、なぜ美しいのか。

三、砂は砂場でないが、何の意味か。

と、尋ねてきた。そこで、次のことを説明した。

・日本庭園は古くから、自然をよく見て、その自然を超えた自然を造るものであって、川や池が円や四角の形はしていない。

・花は、建築の床の間に少し飾るもの。

・砂は海や大河の水を表現し、2つの島は「ツル（鶴）」と「カメ（亀）」の（蓬莱島《ほうらいじま》）であって、その島々に不老長寿の薬があるという、中国に昔から伝わる伝説を表している。

そのように、「自然を超えた自然」を造るのが、日本の庭だ。

鶴・亀の枯山水庭園の鶴島を見る。背後の網代垣は、特注の竹材料が足りなくて、透かし網代垣を創作垣とした。太い木は、竹垣を切って、挟まれた樹木にした。石組が重要だが、その石を探すのが大変であった。宮殿に動物園のサル山をつくるために用意した石から選ばせてもらった。日本庭園には自然石を使うが、鶴の首はいくつかの石を使って立てた。さび砂利は日本から送ってもらった。

手前の玉の敷石は、現地の建材屋の栗石《ぐりいし》を使って、歩道とした。平らの部分を上にする。亀島はまさに亀の形で、中心石に、亀頭石《きとうせき》、前足、後ろ足、亀尾石《きびせき》が組まれている。中心石は、蓬萊山には不老長寿の薬があるという、中国からの伝説に則った形で、その島は険しい山を表現している。古い庭ほど、亀島中心岩は立石《たていし》である。

亀島を亀尾石のほうから見る。亀島と、奥の鶴島は向かい合うように組み、その中心に三尊石《さんぞんせき》を組む。砂は水平にする。

茶庭と茶室

茶を飲むための、茶会、茶事は今から５００年前には日本に出現し、
江戸時代中期（今から３００年前頃）に定型化した。
織部形灯籠と、四方仏《しほうぶつ》の手水鉢で、口をゆすいで、手を洗い、茶室に入る。
四つ目垣の、腰掛けのほうは外露地《そとろじ》と称し、
手前の茶室まわりのほうは、内露地と称する。
灯籠へは、夜、暗くなるときなどに「照明」として、火を入れる。
シェーンブルン宮殿の作庭では、特例として、屋根付きの待合《まちあい》を建てた。

庭園には門を設けて、露地の入口とした。世界遺産は現状のまま保存するものなので、こうした屋根付きの建物を設けることは許可が下りないと言われたが、なんとか黙認してもらえた。

「茶庭」は本来「茶室」があってこそ茶庭となるのだが、予算的なことや、世界遺産では許可にならないということなので、瓦《かわら》を4畳半の広さに敷き、床の間を一段と高くして、畳は茶会をするときに敷き詰める用意をした。苔《こけ》はシェーンブルン宮殿の敷地内からボランティアの人たちが集めて、茶庭全面に敷き詰めた。織部形灯籠と手水鉢は、西村金造氏（京都の伝統工芸士）に特別価格で分けていただいて使用した。

シェーンブルン宮殿の作庭

「おーい小口、ウィーンのシェーンブルン宮殿に、日本庭園らしきものがあるらしい。以前、韓国へ一緒に行った原田榮進氏の娘さんが描いたスケッチを送るから」という電話を、友人の戸田芳樹氏からもらった。それが、この作庭の始まりであった。

　シェーンブルン宮殿は昭和45年頃に、東京農業大学の針ケ谷先生の引率のもとに欧州造園ツアーで、約1カ月にわたり10ヵ国以上回ったときに、30分か1時間、見ただけである（宮殿は、部屋数が１４４１あり、庭師は１３０人が一年中庭の手入れをしている広さである）。イギリスのバッキンガム宮殿、フランスのベルサイユ宮殿と共に三大宮殿の一つである。

「シェーンブルン宮殿と庭園群」は世界遺産に登録されている。ちなみに、日本には世界遺産は現在23件あり、その中には日本が世界に誇る文化遺産である、「法隆寺地域の仏教建造物」、龍安寺《りょうあんじ》、姫路城や自然遺産の屋久島などが含まれている。

　この宮殿は年間６５０万人ぐらい観光客が訪れる宮殿である。戸田氏から送られた平面スケッチと写真を見ただけでは、よくわからないが、それでも時代的には、「江戸後期から昭和初期頃までの、典型的な作庭様式」であると判断した。それは、築山の正面に、滝を２、３段にして、胃袋状の池を最後に造り、そして池には岩島もない、出島もないといったものである。江戸時代中期以降に『築山庭造伝《つきやまていぞうでん》』（前編・後編）という作庭秘伝書が、日本全国に流布《るふ》し、文化文政、天保年間など江戸時代後期には、この秘伝書による作庭法が、金科玉条のごとくもてはやされ、「築山」という言葉が、庭造りを意味するまでになったのである。

　全国的に、一般の庭造りは、江戸時代中期以降の作庭法が、戦後の昭和30年代まで伝わっているとみてよい。明治以後、アメリカや欧州に渡って、本格的な洋風庭園を学んだ人はいなかったからである。

　さて、このシェーンブルン宮殿の日本庭園は、オーストリア庭園局のヘフカという技術者（庭師）が１９１３年に作庭したものであることがわかった。第二次世界大戦後は「石庭《せきてい》」と呼ばれていたらしい。この庭も、江戸時代中期以後の、特色あるスタイルを伝承している。このヘフカという作者は、おそらく日本庭園の「平庭式枯山水《ひらにわかれさんすい》」、すなわち「龍安寺風の枯山水」を知らなかったかもしれない。もっとも、明治・大正期には、「平庭式枯山水」は、京都以外ではほとんど造られていないのである。

平成9年5月のゴールデンウイークに調査したときは、庭としては、それほどの庭ではないと思っていたが、復元して、石組が多く出現した庭を見て、日本人の庭師の指導を受けずに、外国人がこれだけの庭を造ったのだから、たいしたものだと思い直した。

日本の庭園といえば、特に昭和50年代後半から、日本中の婦人たちが庭造りに参加し始めた。明治生まれのご隠居様がいなくなって、我が意を得たりとばかりに、仕事中毒の亭主の代わりに、家を建て庭を楽しみ、カルチャーセンターに顔を出す、というようになった。

その婦人たちの好みは、松や石のある暗い色調の庭や、「わび」「さび」を尊ぶ庭ではなく、花が咲き、実が成り、紅葉の美しい、雑木《ぞうき》の庭であり、そうした庭を支持するようになった。むろん、松1本の値段で、それらを多く植えることができるから、経済的な理由を含めて、石組や松が庭から追い出されたのである。そして、そのため、現在の庭師の中に、キチッとした石組の、しかも古典的な石組が

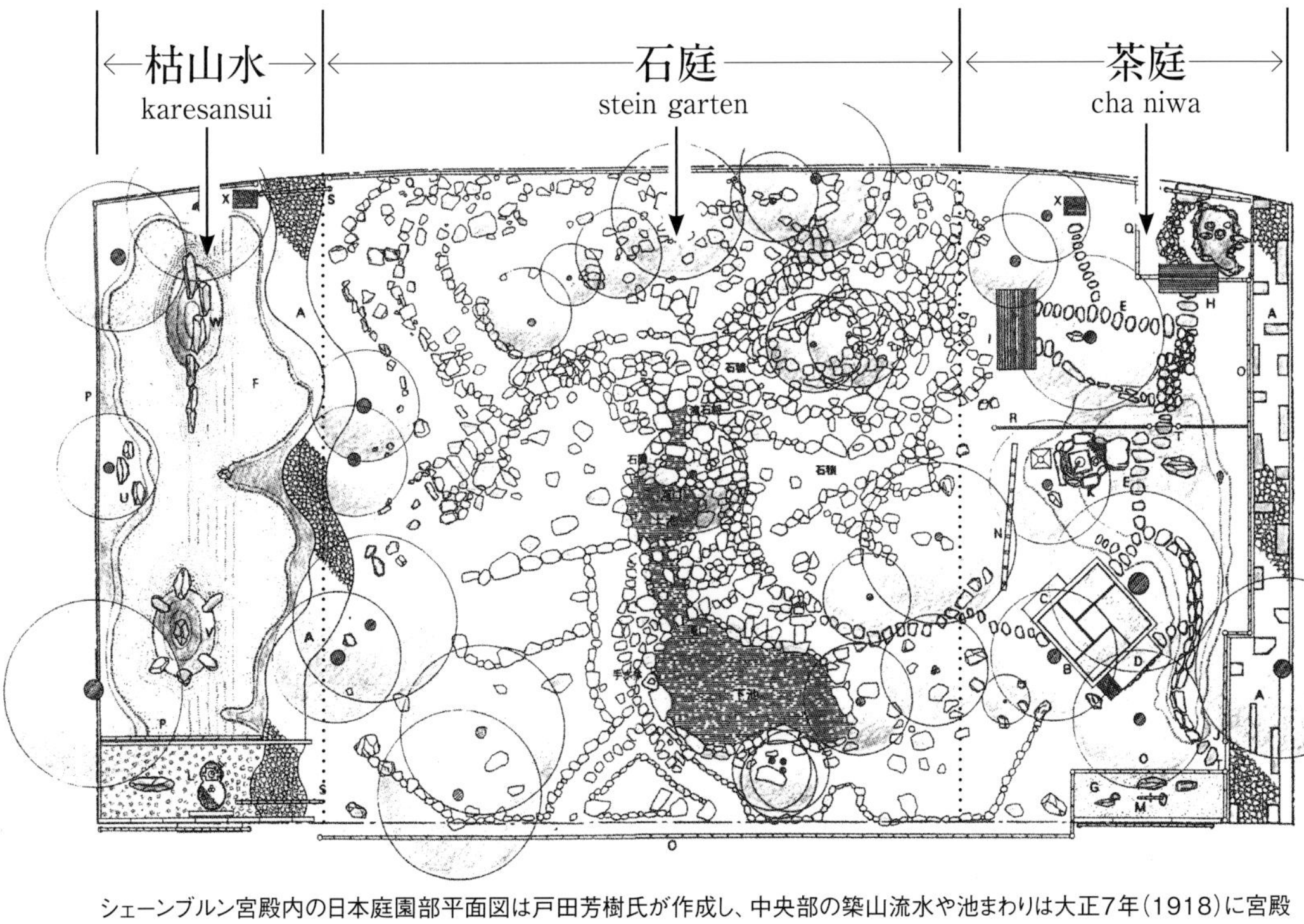

シェーンブルン宮殿内の日本庭園部平面図は戸田芳樹氏が作成し、中央部の築山流水や池まわりは大正7年(1918)に宮殿の庭師ヘフカによって造られた。明治から大正時代は欧州でジャポニズムブームがあり、フェルディナント皇太子の許可のもとに、日本庭園が造られたことが、「石庭」という資料に記されている。

できる者が、全国的にも、ほとんどいなくなってしまったのである。

そうした日本の庭の現状とは異なり、このシェーンブルン宮殿の日本庭園は、古典的な庭のスタイルを伝統的に守った庭であるといえる。

「石は、必ず埋める」というのが、日本の庭師の常識である。しかし、シェーンブルンの本庭の場合は、石の上に石を載せている。それは、高く見せるためと、地震がないから石を埋めなくてもよいためであろう。

発見された庭の整備は、京都造形芸術大学の仲隆裕先生に任せるのが最もよいだろうと、我々調査グループは結論を下した。私個人としては、整備してみたいという気持ちは当然あった。それまで10ヵ所近くの古庭園の整備をしてきた私は、作庭とは違った面白さを感じていたからだ。特に整備中に、庭の手抜きの箇所を見つけたり、自分の推理が当たって、土の中から石組が出てきたときなどは、たまらなく嬉しいものである。

しかし、そのような面白さを味わうことを、仲先生に譲ったのである。仲先生には、今後庭園史研究家として伸びてほしいというのが、みんなの一致した意見であった。しかし、それでは私の出番がないから、「宮殿内のどこか広い場所に300坪くらいの庭を造りたいものだ」と冗談を言うと、コルブリー庭園局長がユネスコに話をしてくれて、整備復元する庭園の両側に道路を造り、「それがたまたま庭になっているのは構わない」という大岡政談のような許可を、世界遺産のトップから預いたのである。まさに特例中の特例である。

こうして、作庭については、私の出番が来たのである。日本大使館が、「日本の桜」をシェーンブルン宮殿に寄付したいと言っても、世界遺産だからという理由で、許可が出なかったというのに、我々の作庭は、許可されたのである。

さて、いよいよ作庭することになり、話し合いながら戸田芳樹氏と共に図面を描く仕事から作業が進んだ。そして、

一、外国人が見てわかりやすい庭にする。
一、解説・説明が簡単にできる庭にする。
一、日本の古典的という範囲の庭にする。
一、日本庭園の代表的な様式の庭にする。

という4つの方針を立てて、枯山水・池庭・総合式庭園・回遊式庭園の中から、「枯山水」と「茶庭風庭園」が選ばれたのである。

日本庭園の歴史と文化

世界最古の作庭秘伝書

日本文化を代表するものの一つが日本庭園であり、ざっと１５００年以上の歴史がある。現在発掘されている奈良地方の庭園は4世紀から5世紀頃のものだ。奈良時代から平安時代にかけて、中国、韓国など大陸から、仏教をはじめとする文化が渡ってきた。やがて日本人特有の庭園観ができあがり、平安時代末期には『作庭記』（国宝指定）という世界最古の作庭秘伝書が生まれた。作者は京都の公家、後京極摂政藤原良経（１１６９－１２０６）といわれる。８００年以上も前に、これほどすばらしい内容のものが書かれたことに驚きをおぼえる。

庭は天皇、公家、僧侶といった最上流階級の人々しか楽しみを味わうことはできなかったが、京都を中心にするそれらの人たちにとっては最高のものであった。建築は寝殿造りのスタイルで、平等院の建築とその前庭から、当時を想像できる。平泉の毛越寺《もうつうじ》庭園（岩手県平泉町）には当時の様式、手法がそのまま残っている。大きな池を造り、舟で遊ぶなど、西方浄土の世界を、建築と庭でこの世に表現したものである。毛越寺庭園では、当時流行した曲水《きょくすい》の宴《うたげ》を催した流れが近年発掘され、この宴を再現したものが毎年5月に行われる（17ページ写真参照）。

鎌倉時代になると、新興仏教の禅宗が中国から入ってくる。この禅宗が建築、絵画、庭園をはじめ、日本文化に大きな刺激を与える。墨だけで描く絵がこの時代に大流行をし、雪舟（１４２０－１５０６）のような卓越した山水画を描く禅僧も、後の室町時代に出現する。庭の場合は、それまでの石の好みは、比較的丸みのある小じわの多い石だったが、その頃から、針の形や三角形など、鋭く尖った石を林立させるように変わり、また滝についても、天龍寺庭園のように高く組んだ龍門瀑《りゅうもんばく》などの滝が造られるようになった。そのために建築の裏山の斜面を利用して、庭が造られるようになり、その後は、夢想国師（１２７５－１３５１）のように山を利用して山頂に四阿《あずまや》を据えるといった、山水画風の庭を造ることが流行する。これが江戸初期頃まで続く。

中国黄河の山中に、険しい3段の滝があり、その滝まで泳いできた鯉のほぼ全部は登りきることができず、運よく登った鯉は龍となって天に昇ってゆく、という伝説があった。それが日本にも伝わって、この龍門瀑が造られた。天龍寺庭園のほか、金閣寺庭園、銀閣寺東求堂庭園（20ページ写真参照）、常永寺庭園（山口県山口市）などの滝石組《いわぐみ》が有名である。日本では、男子が生まれると、5月5日のこどもの日に鯉

毛越寺・浄土庭園

曲水の宴

のぼりをあげる。この龍門の滝を登るような元気な男になって、出世をするようにという願いをこめた儀式である。

枯山水庭園の出現

建築の主殿の前庭は、元来、儀式をする広場であって、敷砂の上に直立して行う儀式を大陸から取り入れたものの、梅雨の時期が長く、湿度が高い日本の風土には合わず、徐々に建築の庇《ひさし》を広く長くして、縁側や室内で儀式を行うようになった。そのために本堂前の白砂を海や川に見立てる、枯山水《かれさんすい》という庭園様式が生まれるに至った。その代表が龍安寺《りょうあんじ》石庭である。自然の山を利用した、山水画そのもののような庭造りや仙人の生活は、台風と昆虫（蚊など）、地震の多い日本では、韓国や中国のようには定着しなかったと考えられる。したがって室町時代頃から、山水画の極致を表現するような坪庭の枯山水庭園が町の中に生まれてきた。大仙院庭園（京都市大徳寺）や、霊雲院庭園（京都市東福寺）などである。

室町時代から桃山時代にかけて、日本人は、「わび」「さび」という感覚を生み出してきた。それは古く美しくなることであり、不完全の美であり、中国、韓国にもなかった美意識である。「茶の湯」の世界で、この価値観は完成した。それをなしとげたのが千利休《せんのりきゅう》（1522－1591）である。韓国や東南アジアの、土をこねただけの、農民たちが使っていた素朴な器に美しさを発見し、一服の茶を飲むことに至福を見出し、いろいろな道具を集め、茶室などを建てた。そのまわりには「茶庭」というスタイルの庭が生まれた。そこに手水鉢《ちょうずばち》や石灯籠《いしどうろう》などを据え、苔《こけ》のあいだを飛石《とびいし》づたいに茶室に入った。こうして、広くない空間にある露地《ろじ》が、茶庭として完成していった。

「床の間」という空間も造り出した。その家や寺の美術品を飾るギャラリーである。当時は長い枝を壁に押しつけて（これを押板《おしいた》という）数多く飾っていた。その飾るための一つが花器である。そこに生け花を入れて飾り出すと、庭と「床の間」に同じ花があっては面白くない、ということで、庭から花を追い出し、床の間の一輪の花をきわだたせる生花の世界が生まれた。そして生花は「花道（華道）」という、日本の伝統文化になったのである。特に茶庭の場合は、花を植えず、常緑の広葉樹を使用し、また茶室も、母屋《おもや》の裏に造られ、全体に暗い空間になっていった。

江戸時代にかけて日本庭園は、匂いの強い花木や草花は、

「香《こう》」の匂いと重なるため避けられるようになり、だんだん植えなくなった。

　桃山時代から江戸時代にかけては、派手な大きな書院の前庭、たとえば二条城庭園とか名古屋城庭園といった、巨木巨石の大庭園が生まれた。その一方で、茶庭のような、小さく狭いが、「わび」「さび」と精神的つながりの深い、茶道と禅の方向へと進んでくる。豊臣秀吉（1536－1598）と千利休の関係そのものが、この時代の「黄金の茶室」と「二畳の茶室」に代表される、相対する文化を示している。それが同時に並行して進んでいくのが、日本文化の興味深い特色である。

最高峰の桂離宮庭園

　江戸時代初期、城や大名屋敷を構える際、そこに庭園も造ることが全国の大名たちに広まっていった。現在残っている栗林《りつりん》公園（高松市）、水前寺成趣園《すいぜんじじょうじゅえん》（熊本市）、後楽園（岡山市）、偕楽園《かいらくえん》（水戸市）、兼六園（金沢市）のように、京都周辺以外でも「回遊式庭園」という、池あり茶庭あり枯山水あり、の統合式庭園が完成されたが、京都に造られた桂離宮庭園はさすが本場だけに、全体の構成、各部の技術とセンスはまさに日本の最高峰といえる。桂離宮、修学院離宮、京都御所、京都仙洞《せんとう》御所など、天皇、公家、貴族たちの造った庭は、宮廷の庭とか公家の庭と呼ばれる。

　江戸時代の最盛期（元禄時代）を過ぎ、中期（享保以降）になると、ぜいたく禁止令などが出て、家、庭、衣服などが身分によって異なる社会になり、庭園なども、徐々に小規模になったが、全国各地に広まっていった。当時の日本の文化普及度は世界一であったといわれる。日本は雨が多いため、外で庭を楽しむより、室内から見る庭として、江戸時代に完成する。その庭造りは、小庭園、坪庭などで、低層階級にまで徐々に普及した。また各地方では一定のマニュアルができあがり、独特の庭園に発達したものが多い。

　明治になると、欧州文化が大波のごとく日本に入ってきたが、庭園の場合は、建築、医学、絵画などに比べ、さほど変化はしていない。一つには本格的に欧州の造園やガーデニングを学んで日本に帰り、洋風庭園を造る庭師は一人もいなかったからである。とはいえ、京都の小川治兵衛のように、日本庭園の中央に、苔の代わりに芝生を広く用いるスタイルや、東京の各地に見られるように、庭の中央に広く芝生を植え、周囲を庭木で植え込むスタイルなどが流行し、いずれも今日まで続いている。

大正から昭和50年頃にかけての庭は、ほとんどが日本庭園で、松、石組、池、石灯籠、手水鉢、池はヒョウタン形か心字池という、伝統的な素材の庭園スタイルから脱してはいけないというのが一般的な傾向であった。少し変わり始めたのが昭和55年頃からである。

日本の庭は、奈良時代から昭和40年代の千年以上にわたって、オーナーも庭師も男であったが、昭和の終わりから平成にかけて、金は主人が出すが、口（注文）は奥さんが出す、というように変わってきた。となると、花の咲かない、虫の付く松より、花が咲いて、葉がきれいで、紅葉も美しいという理由で、ハナミズキなど落葉樹類が普及し始めた。花を追い出した日本庭園の質の高さ、精神の気高さを忘れたこと、それは日本人の「大和魂」を失ったからだと私は思っているのだが。

日本庭園の分布

日本庭園の中で、古庭園と呼ばれているものが全国で約3000ほど保存されている（古庭園とは、古代から江戸

銀閣寺東求堂庭園（京都）

時代までと、庭園史では判断している）。その３０００ほどの古庭園の95パーセントぐらいは江戸時代のものである。それより古い桃山時代までの庭のほとんどは、京都そして奈良地方にある。海外における日本庭園は、現在知られているもので５００くらいあるといわれ、時代的には明治以降のものばかりで、フランスのパリ万国博覧会以降、世界中に日本庭園が造られるようになった。

前述したように、『作庭記』以降、各時代にいろいろな作庭秘伝書が書かれてきたが、最も読まれたものは、江戸時代の『築山庭造伝』である。前編と後編があり、ともに絵と文章による実用書で、売れ行きがとてもよかったという。このマニュアル本が普及することで、創造的な庭は生まれなかったものの、全国津々浦々に、庭造りは大小含めて普及した。その結果、日本庭園は日本を代表する文化になったといえるだろう。

『作庭記』と『築山庭造伝』を比べると、『作庭記』のほうがはるかに高いレベルの内容であり、作庭家の立場で読むたび、その内容の哲学的な深さに魅了される。「風景や美しい自然を見て、それをわがものになして、庭を造ることが大切だ」という一文がある。ただ自然の真似をするのではない。自分のものに消化してこそ作庭なのである。そこで平安時代の作庭家は、極楽浄土の庭を造った。ユートピアの庭、天国の庭である。それが自然を超えた庭造りの「心」「精神」「思想」の始まりであり、和風化であった。

第1章

アプローチとエントランス

自動車は和風には合わない。日本の町並みから「たたずまい」という美しい景観が失われ始めたのは、高度成長期に入った昭和40年代からである。菊や朝顔の花を育てる軒下の小さなたたずまいをやめ、車を置くようにしたり、道路が狭く車のすれ違いができないからといって、門かぶり松や塀や門を壊すなどして、情緒を失ったのである。日本のアプローチとエントランスはこうして破壊され、それは今でも続いている。日本のたたずまいに合わない車を駐《と》めるにはどうするかというと、自動車と人間の通るアプローチを、別々に考えるのもよい。自動車と人間の通路が一緒である場合は、車のないときに、デザイン的に楽しく美しくなるよう、通路とか建築まわりを考える。車を建物の中に入れて、面格子《めんごうし》で隠したり、玄関でなく車庫を裏に回すといった方法もある。

さわの湯の庭の再生（東京都板橋区）

スーパー銭湯のオープンから10年以上にわたり、東京で一番人気の銭湯である。ここの社長は、工場を移転して残ったこの土地をどう活用しようかと、夫妻で日本中を歩き、「風呂とそばが日本人は何よりも好きだ」ということから、スーパー銭湯がよいと結論を下したのである。そして、旧自宅をレストランにするため、民家再生の教祖ともいうべき降幡廣信《ふりはたひろのぶ》氏に再生を依頼し、私も庭の再生を依頼された。すべての石や樹木を使っての庭再生である。

そば あきしの アプローチとエントランスの庭 ［長野県岡谷市］

近所の同世代の友人（宮坂昭男）と庭の話をしているとき、「小口さん、うちの庭はダメだから造りかえてくれ」と言われ、池庭を壊して、京風の露地《ろじ》庭として徐々に造り進んだ。その後、私のアドバイスに基づいて、本人が敷石とか植栽をした。十数年後、自宅を改造して、そば屋をオープンすることになり、入口の斜面のコンクリートの上に玉石敷をし、両側に植栽し、駐車場の木造ガレージを四阿《あずまや》に改修をした。庭園のテーマはしゃれた感じのそば屋、露地風のアプローチ。道路より下り坂で下りてUターンする通路を敷石で仕上げたものである。玉石は、いろいろな石を混ぜることで、ちょっと見では粗相としているが、実際には平天の玉石を数多く揃えるのは大変である。2トンの栗石《ぐりいし》をせいぜい50個ぐらいしか敷石には使えない。左竹垣の所からは古来より鞍馬石の敷石として玄関まで至るのが通例であり、このような場合、曲がり角にはポイントとして、石灯籠《いしどうろう》とか手水鉢《ちょうずばち》とか石組《いわぐみ》といった力の強いものを据えるのがコツである。

雑木《ぞうき》の庭は一歩間違えると、植木畑のような庭になってしまう。そこで庭の下草は少なくし、サツキの大刈込ですっきりすることにした。そして白川砂を敷石の両側に敷くようにした。右奥の網代垣《あじろがき》によって、母屋《おもや》の生活が外から見られないようにしてある。網代垣はモダンでありながら古典的な味わい深い竹垣である。

当地方はマイナス10℃が2週間続く寒冷地であるため、敷石の基礎工事（栗石、コンク

蕎麦 あきしの

竹垣を両面に┤形に鞍馬石の敷石をして、正面に手水鉢を据えた。この庭は、当初から幾度も作り替えたが、私が京都から帰省した後に京風に改作した。巨石が組んだものが多かった。その改作を利用しながら、蕎麦処あきしのをオープンした。雑木を植えて山々を表現した、私が手がけた最初の庭である。京都の庭匠、小島佐一の庭をイメージした。

リート、鉄筋入れ）をしっかりしておかないと、1、2年で敷石がガタガタになってしまう。少なくとも50センチ、日当たりのよい所でも20から30センチの床掘りをして、栗石を入れたり、コンクリートを打って、その上にモルタルで石を突き固めて止めるようにした。両角の線や水平を決めるのに板で枠を造ると、水平な敷石ができる。水平器も使いながら作業をすることは欠かせない。敷石はその全体の空間の広さのバランスを見ること。敷石は長いほど美しい。5メートルより10メートル。単純で長いものほど美しい、とは日本の美意識である。

植栽ではモミジ、シャラ、ヒメシャラなどの雑木類が主である。南側の庭であるため、常緑樹を使うと、冬には部屋の内に日光が入らず、寒くなるので、冬は葉が落ちてしまうものを主にした。古典的なやり方では、門かぶりの松にイチイといった常緑樹になるが、明るい感じで、花も咲き、新芽の葉も明るい雰囲気に包まれ、とても好評である。

上村神一郎邸 アプローチ ［愛媛県八幡浜市］

日本の民家再生の教祖的な建築家、降幡廣信氏の紹介であった。施主の上村氏は、出入りの庭師以外にも幾人かの庭師に会ったものの、納得して頼める庭師がいない、と降幡氏に相談したという。数寄屋《すきや》風の建築にふさわしく、庭も数寄屋風、すなわち京都風の「品

上村邸

京都風の一文字瓦と銅板の一文字ぶきの屋根は低く薄く、そして柱などを細くするなど、降幡廣信氏ならではの建築設計になっている。裏山の自然に、美しい凹字形の数寄屋建築が調和している。庭の材料の台杉、灯籠などは京都ナンバーの車で運ばれ、庭師の車が松本ナンバーだったので、それを見た地元の人々は不思議がっていた。完成した庭、門などを見て、納得した。「低く」「薄く」「細い」とは、上品に見える条件であり、そして「わび」「さび」の雰囲気に造るのが京都の極みである、ということを。門までは御影石《みかげいし》の「真《しん》」の敷石で、川があるところは許可を得て、低い手すり代わりに瓦のせの塀をした。

の良い」「清潔な」庭および門、塀がふさわしいと思い、降幡氏と相談しながら、設計が進んだ。門を設けて、玄関まで車を入れるようにするのはこの家には似合わない。車は上村氏の病院の車庫に置いておくように提案した。また門の前に駐車場を設けることもやめてもらった。

上村邸の門から
見た庭の仕上がり

柱が2〜3寸ほど細くなるのは、左官にとって大変に嫌なことである。腕が悪い左官ほど厚塗りするから、芸者の厚化粧と同じようなものだ。浅くても薄くても、強度は強くするのがよい。陶器茶碗なども、「重く」見えて「軽い」のがよい。漆の神様といわれた増田権六《ごんろく》は日本中の漆工芸品を見て、「名品に重いものなし」「江戸時代以後の漆工芸は堕落の極致である」と名言を吐いた。庭に関して全国の庭を調査した重森三玲《しげもりみれい》氏は、江戸中期以後の庭は職人芸になった、芸術性はない庭ばかりだと嘆いた。西ノ屋形灯籠はむろん京都の西村金造作の、鎌倉時代の写しである。歩道は「真《しん》」「行《ぎょう》」「草《そう》」の「行」と敷石で。左の玄関に至る敷石の目地は苔《こけ》仕上げである。

中島良治邸 アプローチ ［長野県岡谷市］

当家が建築の再建計画を立てるときから相談され、駐車場、門、室内の間取りまで、私のアイデアやデザインを実際に図面に表していただいた。庭と建築の一体化が、工事中も理想的な形で進められた。一番奥の土蔵を壊す予定だったが、私の提案で、庭の背景としてそのまま残すことになり、古井戸も30年ぶりにポンプ井筒を替えて、美しいたたずまいが蘇り、数寄屋風の建築に趣を添えるものになった。

間取りを考えるときに、どの部屋からも庭が目に入り、それがより効果的に見え、アプローチはすっきりとしたものになるよう工夫した。やや狭くとも、そう感じられないよう、道路から自然に玄関に至るようにし、門も全体に低い軽い感じのものに仕上げた。全体のプランに沿って、塀や門などは私の請け工事で完成した。したがって門の格子扉とか丸面取柱などは、細かな寸法まで私なりに満足できる仕上がりになった。

アプローチでは、古くからある赤松、モミジ、白蓮などはそのままにし、新たに台杉などを植えることで、京都風のイメージ、京数寄屋風の感覚を盛り込んでみた。門の造りと同時に、地面部分の柱の束石、レール石の設置などや、前後敷石との納まりは庭園的な美しさ、味わいという観点から選んだ。

何事も全体のバランスが大切である。家も庭も門も塀も全体がバランスよく美しく、そして奥ゆかしい（いばらない）、というのが日本の美である。

中島邸アプローチ

アプローチ、家の設計の段階から相談を受け、どの部屋からも庭が見える、という設計になった。庭は3ヵ所造ることになり、門を設け、「行」の敷石は、赤目地にすることで創作した。門の設計も施工も私の指示で行った。やはり柱を丸面取りすることで、上品でやさしい柱になる。中国、韓国などでは、木材で節があるのは当たり前のことだが、日本では柾目《まさめ》の柱が当たり前で、濡れ縁ですら柾目材を使う。敷石の目地の色は「赤」ベンガラを入れ、耳たぶのやわらかさで目地を入れ足した。

高野隆治邸(七賢の庭) [長野県松本市]

すでに建築が完成し、しかも洋風の建築であったため、モダン和風をどこまで進めるか、というのが課題となった。大家族のため車が何台もあり、アプローチは庭と駐車場を兼ねている。そこで中央のサルスベリは移動せず、道路と建物のあいだは御影石《みかげいし》の敷石である駐車場にしようと考えたが、それでは公民館前のような有様になる。そこで目地を広くして芝を植えることで、庭園らしくなるようにした。玄関に至るアプローチは少し高くして、敷石を詰めて納めた。左隅は、奥からのサルスベリを植えて、和風の坪庭と合わせることにした。

洋風建築の場合、和風の盆栽づくりの松とか、ツゲの玉仕立《たまじたて》の木のようなものでは、全体的に違和感があり、自然樹形のほうが合う。庭は1階の和室から見ることを重視し、和風である。隣の建築の裏が見え、タンク設備などは丸見えのため美しくないので、高い竹垣を設けて隠すことにした。予算や視界を考え、横建仁寺の竹垣にする。横の線が水平線となって、広がりのある庭になる。また10年後ぐらいに下部の竹立子《たてこ》(割竹)が腐るような場合には、5〜10枚を取りはずして、きれいに打ち直すことができる。青竹の押ぶちの太くて長い竹を使わずにすむので、狭いところでも工事がやりやすい。ただし、立子を横に使うと、あいだに水がたまりやすいという欠点がある。

石組は七石竹林《しちせきちくりん》で、中国故事の「竹林の七賢《しちけん》」が庭のテーマである。この石も、当家に保存されていたものを使った。石灯籠は、西村金造氏（日本を代表する石工）の西ノ屋形のスマートなものだ。手水鉢は、龍安寺《りょうあんじ》形の「吾唯足知《われただたるをしる》」で、「私は満足を知っている」という意味だ。京都の龍安寺石庭の裏庭に、この本歌（本物）はある。高野夫妻は茶の湯をたしなまないため、蹲踞《つくばい》の役石《やくいし》は省略し、スッキリさせた。灯籠四角、水鉢丸、そして飛石《とびいし》に御影の切石を直線に打ったのは、伝統に挑戦したものである。

高野邸

［上］高野邸は2階が玄関で、洋風の建築である。道に沿って、石敷を駐車場にし、横建仁寺垣の上に透かし網代垣を設け、庭入口とした。［下］高野邸の部屋から見た庭。隣の建築の灯油タンクや設備が見えないように、高い横建仁寺垣で隠した。

石曽根邸　アプローチ・雑木の庭

［長野県大町市］

石曽根《いしぞね》邸の建築設計の段階から相談を受け、洋風建築であっても和風の庭園が似合う建築になるようアドバイスをした。部屋から見る窓を大きくするとか、玄関から枯山水の庭の一部が見えるようにしたり、アプローチは、隣家の壁をこちらで費用を負担して塗り、和風の庭に合うようにしたり、車の駐車場とアプローチが美しくなるように、マンホールや浄化槽などが隠れる竹の蓋を数多く造ったりした（医院を経営しているために、一般住宅より設備が幾倍も多い）。

アプローチは雑木の庭で、他人が玄関前に入っても、田舎だからかまわないと考え、門

石曽根邸

設計では門を設けてあったが、門は造らなかった。しかし隣の資料館に来た人々が、この庭を見ようと入ってくるため、なるべく庭が見えるように、数年後には門を設けた。

を造らなかった。ハウチワカエデ、モミジ、ヤマボウシ、ウメ、ナナカマド、赤芽ソロ、そして常緑のシラカシ、台杉、カクレミノという、主に紅葉の美しい樹木を植えた。ここ大町市は北アルプスに近く、紅葉が特に美しくなる地方である。この庭が完成した年の秋には大勢の見物人が訪れたという。今もその状態が続いている。

玄関の左前には坪庭に入るための門を設けた。敷地内の門であるので、扉もなるべくスッキリとした。斜線の立子《さん》をすることによって強くなる戸であり、右横手の桂垣も見える。まさに結界のような軽い門になった。

この坪庭は旧木造の家と新しい建築のあいだにあり、三方正面と3階から見える。庭のテーマは鶴亀で、青石での本格的枯山水庭園である。

石曽根邸のアプローチの庭を見る人が多くなったため、中が見える門を造るということになり、私の設計施工で、曲線を横に使った二枚扉にした。こんな場合は、材木を水に浸しておいて曲がりやすくする。

建具屋が曲がりを決める。

慈雲寺

慈雲寺《じうんじ》住職の住まいの生長の門は、昔から売られている既製品の門を改造して、全面的に雑木のモミジを追加して植えた。門の足元の大飛石はそのままにして、敷地に苔だけ張ることにした。

慈雲寺 アプローチ

［長野県下諏訪町］

住職の住まいは全体的に数寄屋風の建築であり、既製品の木の門が建ててあった。いずれ本格的に門を造り替えるが、とりあえず雰囲気のよいアプローチにしてほしいとの希望が寄せられたので、門も大きな飛石も現状のままにし、苔と砂を敷き、右方の奥の離れに行く露地は、既存の材料を使って改作をした。樹木は雑木を主体に追加した。

粗相とした感じでありながら、ピリッとした、メリハリのある露地になるよう、飛石の中間に敷石をして、奥の正面に織部形灯籠と四方仏《しほうぶつ》手水鉢を据えた。雑木の庭は、その自然風がよいとはいっても、とかく自然でなくなり、安い植木畑風になりがちである。そうならないためには、石組、灯籠などで石の強さを強調し、メリハリをつけるとよい。

日本庭園で大切なのは、土を見せないように、砂、苔、芝生などの地被をすること。それによって上品な感じになる。

伊藤佐市邸 アプローチ ［長野県箕輪町］

アルミの塀や太い御影石の門柱、そして場所のわりには大きな門かぶり形の松などを、プロポーションよく納めてほしいとの注文であった。そこで和室の前庭とアプローチの庭に分け、狭い面積でも区切ることによって、それぞれの庭の特色を最大限に出すようにした。玄関までの長さがないために、門を低くしないと、成金《なりきん》の門になってしまう。低くして両側を板塀の袖にすることによって、やわらかい数寄屋風の自然の感じが出たと思う。松の門かぶりも、そのため本来の姿形になった。玄関までの狭いスペースもすっきりと、飛石（御影石）と苔と砂だけにした。坪庭をチラッと見られるように、竹垣で仕切った。そこをくぐると、枯山水の庭園が見える。

伊藤邸アプローチ

昭和40年頃まで、北海道から九州まで、家に表門は、旧村長、旧町長、旧本陣、旧庄屋、旧山林王の家でなければ設けていなかった。自動車が普及したことによって、多くの門が壊された。欧州には馬車が交通手段の中心だった時代があった。その馬車の小屋は、車を入れる場所になったが、日本では馬車の時代がなく、門や塀を壊すことが多くなり、欧州などより町の景観が悪くなった。

根津邸庭園 アプローチ整備改作

［長野県下諏訪町］

病院の増築のため、庭の整備、門、塀、駐車場など、アプローチを含めての設計、アドバイスをしながら、数寄屋の母屋に合わせた。したがって、材料のほとんどは既存のもので、駐車場とアプローチの敷石は、建築工事としてゼネコンが施工した。私の提案のほとんどを聞き入れてくれた施主から、よく納まった外部景観ができたと喜んでいただいた。病院のタイル壁を隠すため、長い屋根と面格子を付けたことが特によかったと思っている。

根津邸庭園　和風建築の邸宅と病院との2つが美しく納まる屋根とアルミ窓ガラスだけでなく、付け柱、面格子すべて和風に合わせてある。

そば屋さくら アプローチ・雑草の庭［長野県辰野町］

「まもなくそば屋をオープンします。建物がもうじき完成するのですが、前庭を造ってもらえませんか。そば あきしのを見て、当店も庭がほしいと思って伺いました」と女性オーナーは言う。女性のそば打ちは、とても珍しいそうだ。いつかそば屋をしたいという長年の夢をついに実現しようとしていた。だが、予算はほとんどないと言う。そこで、「雑草の庭」というテーマにし、田んぼのまわりの草や、自宅にある庭木草花を移植することで、予算を低く抑えることにした。昔はさくらという地名だったという説明を聞き、当社の畑の八重桜を3本植えた。また店の場所は元は水田であった関係で、水利権が残っていたので、その水を池とせせらぎで流すようにした。

私は雑草の庭を造ることはあまりないが、都会から来た人たちには好評である。東京には雑草もあまりないから、緑の草木なら何でも感動するようである。店の窓からの水田も人気を呼んでいる。飛石は御影の板石を使ってメリハリが出るようにし、また中央部に舟着形石灯籠（桂離宮本歌）を据えることで、庭のポイントができた。オーナーは大変に草花が好きだ。庭のできた後も、洋花でなければ植えてもよいので、オーナーが楽しめる庭となった。常々、私のピリッとした、メリハリの利いた庭を見慣れている人たちの中には、この庭には今までの小口カラーがない、と不満を言う人もいるが、これはこれでよかったと思っている。

夜の客のために足元照明とした。建築の軒の先から庭全体を照らすという方法は、洋風

そば屋さくら

庭全体に植えたものは、畑の草や苔、雑草であるが、桜を主体に、全体的に自然風の庭となった。平成に入っても、自然樹形の庭がなかった。オーナーがそばが好きで、最終的に水田を埋めて庭としたが、草花が大好きなため、植木屋の植木畑のような庭にならないよう、赤い花や洋風の花を植えないだけでなく、好きな花をどこにも植えない、ということにしたかった。

のようなデザインが最重視された花壇庭園などにはよいが、日本庭園のような庭は、やはり露地行灯《あんどん》形式が似合う。予算が少ないため、本格的な和風露地行灯が据えられないので、ポール式の柱を切って、短い照明器具として使った。

第2章
坪庭と枯山水

坪

庭の「つぼ」には、昔は「局《つぼ》」の字が当てられていた。平安時代、女房が住む朝廷や公家の館の前庭に桐の木が植わっていれば、「桐局《きりつぼ》」というように、庭木や草花のニックネームで、その女性を呼んでいた。また江戸時代、建築に囲まれた空間を「壺《つぼ》」と呼んでいた。上だけがあいているツボと同意味と考えられる。坪庭とは1坪（3・3平方メートル）とか半坪（0・5坪）くらいの小さな庭という意味と考えたほうがよいが、広い庭についても「坪庭」と呼ぶことが多い。池庭、枯山水、茶庭などすべての様式を含めて、一般的にこう呼ばれる。

今や枯山水は世界的な用語になりつつあるが、他にも次のような呼び名があった。仮山《かざん》水《すい》、唐山水《からせんずい》、古山水《ふるせんずい》、古山水《こざんすい》、枯山水《からせんずい》。前述した『作庭記』には「野筋《のすじ》に水も無き所に石を組んだ所を枯山水《かれさんずい》と名付く」という記述があり、水がない場所に石を組んだ部分の手法を枯山水と呼んでいたようである。それが庭全体の様式となったのは、室町時代頃からと見られる。白砂を水と見立てる、という創作を行うようになり、水のない山から海、川、池まで砂で表現することが定着した。桃山時代から江戸時代初期には、京都を中心にしてその様式が発達し、江戸時代中期から後期にかけて、全国的に寺院を中心に普及した。しかし全国の古庭園3000近くのうち9割近くは池の庭であるから、枯山水庭園の発達は、京都を中心とした庭園の様式であるといえる。枯山水の庭が圧倒的に多く造られるようになるのは昭和時代、それも戦後の昭和40年代の後半からである。枯山水が造られるのは、本来の庭のように、水を使って滝を落とし、せせらぎを造っても、自然風景的な山水風の

大仙院（京都市大徳寺）坪庭の舟石《ふないし》

舟石が、白川砂を水と見立てた枯山水坪庭に据えられている。おそらく日本一素晴らしい舟石で、私も大学生時代に入って最初に好きになった坪庭である。この坪庭は、全国の庭園を見始めると最初に好きになる庭である。

庭を楽しむことのできない町中の坪庭とか、細長い場所、水の利用ができない場所である。枯山水の庭でも、石と砂だけというように、緑の樹木や草花がない庭のことを石庭《いしにわ》と呼ぶ。龍安寺《りょうあんじ》庭園はその代表である。石と砂の場合は、石の扱いが最も重要である。石を組む、すなわち石組《いわぐみ》が最も難しい。私が上手に組めるようになったのは、庭師になってから20年ほどたち40から50歳頃になってからである。

庭のテーマが決まってから工事に入る。まず庭の化粧砂の高さはどの位置か、建築の床（ＦＬ＝フロアーライン）のレベルから、どのように沓脱石《くつぬぎいし》、飛石《とびいし》になり、仕上げの苔《こけ》や砂にどのぐらいの差を設けて仕上げるか、を考える。大工さんにとって一番大切なのは床の高さ（位置）、すなわちＦＬである。床の高さが決まっていないと、玄関が庭より低くなるとか、つじつまの合わないことが生じてしまう。まず水準器、水平器、水糸などでＧＬ（グランドレベル）を決め、そして常に仕上げ面の位置を気にしながら工事を進めるのが基本だ。このことは石庭、枯山水のように、砂を広く使う場合は特に大切である。

小林昭彦邸 坪庭 ［長野県松本市］

比較的に現代的な建築であるが、和風の庭がほしいという意向だった。一室だけ畳の和室があったので、その前庭だけ本格的な和風坪庭とし、続きの隣は芝生の洋庭とすることになった。日本の庭園造りは世界で最も質の高い庭を造るだけあって、素材の価格が最も高い。石灯籠、手水鉢など、中国産などのように安くて悪いものもあるが、良いものは高い。したがって、たとえ2、3坪でも、すぐれた素材となればビックリするぐらいの費用がかかる。本庭もそんな事情で和室前庭だけの坪庭となった。

和室と庭の接点を造るために、濡れ縁を設けて、坪庭との納まりをよくした。日本の建築は、縁側とか、濡れ縁とか、沓脱石とか、土庇《どびさし》とか犬走りといった、庭か建築かあいまいな部分がある。そのため室内から見たときに、庭が絵として、部屋と一体に納まる。住宅庭園の場合、室内から見るということが観賞の主である。庭すなわち立体の絵である。この庭の場合も、隣家、コンクリートの電柱、物置などを隠して見えなくするために、竹垣を比較的高くした。

網代垣《あじろがき》で両面が見られるが、左側の芝生の庭のほうは、透かしの網代で庭の広がりを持たせた。日本庭園の坪庭は、茶庭風でこそ石灯籠と手水鉢によく納まるものであり、この和室は茶室ではないが、オーソドックスなスタイルでデザインをした。石灯籠が四角の織部形となると、手水鉢は丸形のほうがデザイン的に美しい。蹲踞《つくばい》の役石《やくいし》の、湯桶石《ゆおけいし》と手燭《てしょく》石《いし》は省略するほうが、この場合はスッキリと美しい。石灯籠は織部形（別名ヒナガナ灯籠）、水鉢は礎盤《そばん》形（柱の束石）である。

台杉と株立のカエデ、地形コブに杉苔を張る。苔の面積が広くなるほど落ち着くが、ピリッとした感じがなくなるものだ。砂の面積が多くなるほど緊張感が出る（ただし砂は水平に敷く）。このような狭い面積では、水平面と隅をキッチリ納めなければ美しく見えない。そして庭木は細めでないと、灯籠や水鉢が死んでしまう。

素材を少なくし、足元をスッキリすることが坪庭造りのコツである。あれもこれもと草花や樹木を植えれば、5年後10年後には、植木畑、いやゴミ畑になってしまう。日本文化は我慢の文化だ。いろいろ植えたくとも、その庭のテーマに合わせて我慢をし、最小限の良い素材で納めることが大切である。あとは「間」「余白」としてあけておく。間をあけることができないのは「間抜け」である。

小林邸坪庭　和室から見た坪庭の全景。

正面から電柱が見えるので、台杉を植えた。坪庭の正面の竹垣の裏には物置があるので、それを竹垣で見えないようにした。網代の左方は透かしで、芝生が見える。そこで濡れ縁をつくった。

上村神一郎邸 坪庭

［愛媛県八幡浜市］

数寄屋《すきや》風の平屋の建築の凹形の中央に、坪庭風の枯山水庭園を、という希望が寄せられた。オーナーが医者であるため、薬師《やくし》の庭とし、中央に薬師三尊石《さんぞんせき》を据え、苔の地形は梵字《ぼんじ》の薬師《べイ》の形を写した。中央には書院から見て、石灯籠と蹲踞形式を設けた。このような坪庭は、三方あるいは四方から見るに耐えるだけの構成とデザインがなければ感動を与えない、という難しさがある。信州の山石で三尊石を組んだが、細身の中尊石に、大きめの脇侍石を巧みに組み込んである。玄関から正面に見えるようにした書院から眺める京都龍光院形灯籠と、白川石の太閤《たいこう》石の自然石による富士形の手水鉢は、風情《ふぜい》のある石肌をしている。

蹲踞の役石は、茶庭として使うには湯桶石も手燭石も小さすぎるが、実際に茶会をすることはないようなので、見て納まりのよい大きさにとどめた。この坪庭は3ヵ所が正面になるため、三方から見られる構成にするという点が最も難しかった。

庭園造りでは（1）テーマをきめる、（2）マスタープラン（地割）、（3）石組《いわぐみ》、（4）石灯《せきとう》、（5）植栽籠、水鉢、という順番で考えていくことが大切である。

南庭は広さがないため、飛石より、敷石によって、稲妻《いなずま》のデザインを創作した。京都では稲妻ではなく、雷《いかずち》という。

上村邸坪庭

三尊石は、阿弥陀三尊、釈迦三尊、不動三尊を表現する。三尊石は、古くは、3石とも立石《たていし》としていたが、江戸時代後期からは不動石と称して、1石のみ立石とする。

石灯籠、手水鉢は、西村金造作である。三方から観賞に耐える㈢字型の建築で、その三方正面の庭を造るのは難しい。水鉢は水琴窟《すいきんくつ》にし、美しい音が出るようにした。山あいの静かな場所だからこそできる。音は大きくないため、車が往来するような場所は水琴窟には向かない。

中村恒也邸 坪庭

［長野県諏訪市］

中村恒也《つねや》邸の庭を室内から見るため、そして広間茶室の障子を狭く閉めると躙口《にじりぐち》になるように、という2つの理由で、低く横長の窓にした。横長の窓は安定して見える。障子も壁の中に1本で引き込むという手の込んだものになったが、それによって坪庭が引き立った。通常の二枚ガラスと障子では、坪庭がこのようなスッキリとした額縁の中のような絵には見えない。日本の画はすべてを描かない。葛飾北斎の浮世絵に、富士山に波と舟の作品〈『富嶽三十六景』「神奈川沖浪裏」〉がある。舟の上部三分の一しか画面には描かれていないが、見る人は舟すべてを想像する。庭も同じように、一部だけを部屋から見せることによって、左右、上下の奥行きを想像させる。竹の幹だけを見せても、上に青々とした葉を感じさせるものだ。狭い坪庭で、しかも床の間の近くとあれば、その床の間に飾るための草花は植えないのが定法《じょうほう》である。床の間の一輪の花は、美しい「わび」「さび」の世界である。

この狭い空間で、最も目に入る部分はブロック塀である。塀の仕上げを考えずして、良い庭はできない。そこで暗くなるものの、杉皮を張り、なるべく細い丸竹で横に抑えた。小さい坪庭に、大きく太く高いものは品良く見えない。いかに品良く見せるか、これが庭造りでは大事である。上品さこそ日本文化の究極であって、派手で品のないことを最も嫌う。

古建築に数寄屋風の建物を足した全景。
手前の池や芝などは洋風の感じのため、
和風に続けるのが難しい。

中村邸坪庭を、茶庭と書院から見る。障子を半開きにすると、躙口のように部屋に入れる。

佐藤平造邸 坪庭［長野県長野市］

建築がほぼできあがった頃、塀、駐車場、門、庭などをどんなデザインにするか、相談があった。問題なのは駐車場がアプローチを兼ねていることで、このためアプローチのデザインを延段《のべだん》張りで創作してみた。車の輪だちの巾で御影《みかげ》の板石を張った。門は和風の木の面格子で、オープンな感じで造ってもらった。和室から見る坪庭は狭いが、石灯籠と手水鉢というスタンダードな坪庭となった。

日本庭園は座敷に座って見るため、回遊式の庭園以外は、空を見せないものとして発達してきた。庭の一番落ち着いた空間、すなわち地面と目の高さぐらいの石組や灯籠を見せる。「空を見せると落ち着かない」「強い光が室に入ると落ち着かない」、これが日本人の本能である。日本の文化は「落ち着きの文化」だ。それは「暗い文化」でもある。その結果、雪見障子で空を見せない、すだれを掛けて、日光が室内に入らない、という様式になってきた。この邸の場合も塀が低いため、室内から障子を開けて見ると、隣家や電柱、道路標識が目に飛び込んでしまって、せっかくの坪庭が台無しになる。日本建築の雪見障子やすだれは、外の邪魔なものを見せない工夫でもある。

石灯籠は織部形で、手水鉢は長いものを使った。低いものでは室内から見えなくなってしまう。長い車軸の面白い形で、水車かなにかの部品のよう。なかなか良い「見立て物」だ。狭いとはいえ、濡れ縁を付けてもらい、坪庭の納まりが良くなった。「見立てる」という言葉がある。「石を山に見立て、川を砂で水に見立てて枯山水を造る」「古い農家の竹籠を花入れに見立てて、花を生ける」など、日本の文化は「見立て物」という融通性の強い考え方を持っている。本来の利用目的と異なる使い方をして、自分や客を喜ばせることだ。特に茶の湯の世界では、この見立て物という道具を面白がる。それがみごとだと名物になる。庭園の場合は手水鉢や飛石、沓脱石、石灯籠などに見立て物を使う。

佐藤邸坪庭

和室の障子は、雪見障子とした。私は造る前にポラロイドで庭の全体を写し、そして設計をする。平庭や狭い庭ほど、隣家の柱や物置が写ってしまう。塀より低い灯籠などでは、隣家が目に入らない。織部形灯籠と水鉢は、水車小屋に見立てて手水鉢としたものである。

小松秀規邸　枯山水

［長野県塩尻市］

周囲が自然の山や田に囲まれた、信州らしい住宅。建築設計の川上氏に相談を受け、作庭することになった。書院から広々とした風景を目にする場合、今までの作庭では山を背景に築山《つきやま》を造って、滝を落として、池を造り、松を植えることが多い。しかし設計家も当家も、小ぢんまりと、さわやかで、古典的であるが新しい感覚のある庭を希望した。それこそ私のつねづね目指す庭のイメージ、「温故知新」である。古いものであるが、新しい生命を感じる。新しい感じであるが、古典らしい味がある。そこで、枯山水で山々の美しさと対比させ、一方で、広々とした芝も張ることにした。芝は最も安価で、単純な美しさが生まれるグランドカバーである。子供たちも芝生で遊ぶことができ、部屋から見たらピーンとした緊張感のある、思わず背を伸ばすような庭を、と作庭した。アプローチ、車の裏への通路、駐車場と庭といった風に、実用と美を兼ねることが田舎の庭の難しさである。

逆L字型の建築を取り囲む庭であり、南のほうは竹垣を低くして、背景の山々を見せ、西側は隣家を隠すように高い網代垣を組んだ透かしの竹垣、そして道路に近いほうは従来の網代垣にすることにした。南庭の中心には、石灯籠と手水鉢と、この家のじいちゃんが長年育てた赤松を植えた。全体の植栽としては、紅葉の美しいモミジ、カエデ、ドウダンなどを植えた。この地方は紅葉が特に美しい。

枯山水の場合、砂紋《さもん》を描くと、その庭に動きが出てくる。水平でまっすぐな波模様は、

小松邸　枯山水

全体的に日光が入った網代垣にしたので、広々とした感じがする。垣根を付けることによって、長持ちする。コンパネの板を銅板で包み、屋根とする。赤松は先代が畑で仕立てたものを移植した。

古来から日本人が好んできた。渦巻き形に砂紋を描くと、まさに水の表現になる。それは川の流れであり、湖や水田や池であり、大海の姿をも想像できる。それを造る人たちの芸術性が高く感性が鋭ければ、ニセモノは本物よりも質が高くなる。砂と砂紋は、その代表的な素材と表現である。

小松邸書院から見たところ。このような部屋や廊下（縁側）があり、障子があり、という建築はどんどん減ってきた。

石曽根邸　枯山水

［長野県大町市］

木造の古い造りだった石曽根邸を鉄筋コンクリートに改築するにあたって、庭も造り直してほしいと依頼された。建物の設計段階からの参加も許された。この庭を設計するうえでの主要なコンセプトは、アプローチは雑木《ぞうき》のトンネルをくぐり抜けて玄関に至り、主庭は部屋から見たときに、明るいイメージを持たせるということだった。主庭については、1階からだけではなく、2、3階からも眺めることができ、洋風の建築と調和するものをということで、かなり新しい感覚で、かつ日本庭園の本質を失わない庭を目指した。それは美しく清潔であり、また色彩が豊かで明るく、それでいて上品であるという雅《みやび》な庭のことではないかと思う。

石材には四国の青石を用い、石橋のみ秩父産のものを使用した。樹木は、既存の赤松とモミジを移植したが、枯れずに古い樹肌を見せてくれている。灯籠は古木に合うものということで、清滝形にした。布泉《ふせん》形手水鉢は、居間の戸を開けたときに見られるように、近景のポイントとした。砂は庭全体を落ち着かせるために、さび砂利を用いている。

この辺りは寒冷地であるため、石組などが凍結で動いたりすることのないよう、据え方に留意する必要がある。植栽についても寒さに強いものを選定しなければならない。本庭は中庭なので、雨水の排水を完全にしておかないと、建物の基礎まわりまでも凍結してしまうので、その点にも留意した。

石曽根邸枯山水　3階など上部から見た中庭の全景。鶴島と亀島がテーマで、その島に2枚の青石で石橋を架けている。

応接室から見た正面。石灯籠は、八角形では日本で最も美しいといわれる醍醐清滝型で、西村金造作である。石橋を低く架けることで、背後の灯籠や石組（羽石《はねいし》）がよく見られる。

冬の姿。雪の降る前に、冬囲いをすると、冬景色になる。長野県内の冬囲いが最も美しい。

第3章
茶庭と雑木の庭

室町時代末期から桃山時代にかけて、茶道（茶の湯）が生まれ、茶室が造られ、そのまわりに茶庭（露地《ろじ》）が造られるようになった。茶道は、ただお手前で茶のかき回し方が上手にできる、ということでなく、道具や歴史、故事来歴など、勉強すべきことがたくさんある。茶道は行儀、作法、心得、建築、庭、園芸、書、絵、香、陶器、金工、生花、漆器、竹工芸、織物、料理、酒をはじめ、数十種の職芸の文化の基になった。まさに日本文化の総合である。私はこのことが、庭にたずさわりながら少しずつわかってきた。

茶庭と枯山水《かれさんすい》がドッキングしたスタイルが、山陰の出雲、松江地方に伝わる、出雲流庭園作庭法である。江戸時代後期、松平不昧《ふまい》という松江藩主は、日本を代表する茶人であった。その影響で、これらの地方に茶の湯が広がった。同地方は冬のあいだ陽光に乏しい。したがって白砂を敷いて軒内や室内を明るくし、茶庭風に飛石《とびいし》、敷石、手水鉢《ちょうずばち》、石灯籠《いしどうろう》、そして当然に茶室を設けるという、平庭《ひらにわ》式枯山水に茶庭を混ぜ込んだ独特の庭園スタイルが生み出され、今日まで続いている。ある意味では京都を超えた茶庭スタイルの作庭法である。白砂の中の飛石、短冊石、丸飛石などのバランスが実に美しいものが多い。

石灯籠は神社仏閣などの本殿や五重の塔といった、主な建築の内にある本尊や仏様に献火するため、建物の正面に1基だけ据えるしきたりが、奈良時代から室町時代頃まで続いた。室町時代末頃に、両側に2基を一対で据えるようになり、以降、石灯籠は一対（2基）として据えるものとされている。朝早くや夜中の茶会には足元が暗く、照明がほしい。そこで神社の石灯籠を庭に据えよう、風情もよいから、と千利休《せんのりきゅう》が考え、茶室に入る前の暗いところに据えたのが始まりといわれる。以後、茶庭でない庭園にも石灯篭が据えられ、また庭のための石灯籠、特に小さくてかわいいもの、高さが調節できる竿の埋め込み形などが生まれ、江戸時代から現代まで、数多くの庭灯籠が造られてきた。地方特有のものまで入れると300～400種類のものが日本にある。石造美術史から見ると、鎌倉時代のものが最も美しく力強い。江戸時代初期以降に造られたものに名品はほとんどない。

石灯籠は、男のネクタイのようなものだ。面積はわずかであるが、庭の中で最も目立つ。大きな庭石よりも存在感がある。庭随一の人工物だからだ。だから庭造りの名手は石灯籠の研究をおこたらない。良い灯籠を据えてある庭は名庭園が多い。悪い灯籠なら置かないほうがよい、と私は思っている。どうしても据えたいなら、ほとんど見えないように置くのがよい。

小口基實茶室　京都から帰って、はじめて造った茶室。4畳半の最も狭い応接間として、今も使っている。

小口基實 自宅の茶庭 ［長野県岡谷市］

園芸資材の店を10年間続けた頃、作庭の仕事も多くなり、友人や先生たちが遊びに来るようになった。「接待の部屋がないので、最低の広さの応接間を造ろう。それには4畳半の茶室だ」という結論に達した。本格的に茶の稽古ができる利点もあり、店の中に、茶室を含めた増築をすることにした。茶室となると、とてつもない費用がかかるが、学生のときの下宿が6畳で、修業中のアパートが4畳半であったことを思い出し、4畳半に「床の間」と「炉」を切れば、木造アパートでなく茶室になるということを発見、茶室の本を読みあさり、安価に茶室を造る工夫をした。

茶室ができてから、表千家の伊藤文夫先生に来ていただき、本格的な茶の稽古をし始めた。名前を無足庵《むそくあん》と付けた。「足り無いものだらけ」という意味である。やがて資材店をやめ、その跡に茶庭を造ることにした。玄関から待合《まちあい》、そしてちり穴に続く、一応の室内露地庭となった。正面は坪庭で、奥行1・5メートル、幅3・5メートルのこの坪庭は、石灯籠と手水鉢を交代して、楽しんだ。

平成の初めのある晩、京都の西村金造氏から「今日、ある家の灯籠の鑑定に行ったところ、茶室があった。来週には壊して、庭木と一緒に焼いてしまうから、明日にでも見に来て、よかったらすぐ解体して持っていけば」と電話をもらった。すぐに京都に向かい、大正7年に建てられた4畳半の茶室を解体して、自宅の倉庫にしまった。本格的な茶室であるため、幾人もの大工、工務店に相談すると、１００万や２００万円で再建できるような代物ではない、と言われたが、京都の鈴木和幸棟梁にまかせた。そして基礎コンクリート以外は、すべて京都のトップレベルの職人さんたちにお願いし、平成6年に完成した。今までの坪庭と物置を壊しての工事であった。この茶室を再建しながら、2階建ての建築に着手することに決めた。書斎が狭く、書庫も必要としていたためである。蔵風の民家の別棟である。外観の設計にたずさわったのは降幡廣信《ふりはたひろのぶ》氏。民家再生の教祖的な設計士であり、私も多くの仕事をやらせていただいている。こうして建築インテリアは私の好みの、前衛的で歴史的なものになった。

新しい坪庭は茶庭風書院式風といったもので、京都風であるが京都にはないものを目標にしたが、千年の歴史を超えるのは難しい。灯籠は韓国の名刹、海印寺の復元で、西村金造氏に造っていただいた。手水鉢も西村氏による橋杭形《はしぐいがた》であるが、上のほうがわずかに細くしてある。この感覚技術が西村氏の味である。

竹垣は、隣家の窓の高さまで隠すことにしたため、創作の必要が生まれ、日本で初めて網代《あじろ》に横建仁寺垣をのせてみた。延長した先の表通りは、網代垣の透かしの光悦寺垣《こうえつじがき》とした。失敗して幾度もやり直したが、失敗した分しか上手にならない、というのが職人技というか、ものづくりの者の宿命であろう。おかげで歴史にない網代光悦ができた。

［上］それまで坪庭の裏にあった、車庫と物置を壊して、大正7年に建築された茶室を、自宅に移築した。
［下］茶室前の物置を壊して、2階建てのゲストハウスを建てた。その部屋から見たところ。西村金造氏と何回か韓国に行き、海印寺形灯籠の復元図を私が描き、西村氏が造った。その第1号である灯籠と手水鉢。

高木邸 改作茶庭 ［長野県諏訪市］

施主の高木氏から、茶道の先生をしている関係で、庭を本格的な茶事ができるように改作してほしいとの要請を受け、設計施工を始めた。面積が小さくとも、茶庭と坪庭のテクニックを最もうまく納められるのが茶庭のよさであるが、建築とか塀、門といった、庭以外の建造物がその庭に合わないと、落ち着いた感じにならない。特に茶庭の場合は、茶室があることが絶対的な条件である。茶室と茶庭があってこそ、茶会、茶事が催せるのだが、そこまで本格的に茶室、茶庭を設けている人は少ない。だからこそ、それらは文化のステータスなのである。

現在ある庭を改造する際は、既存の材料の扱い方が何よりも難しい。この庭にはお弟子さんたちから頂いたり分けてもらった草木類があるが、思い出のある材料に見切りをつけ、テーマに沿ったものだけ残すことを考えないと、材料の配置換えだけで終わってしまう。本庭のテーマは「茶庭」であるから、門、塀、玄関、待合、内露地、外露地、蹲踞《つくばい》、石灯籠、飛石といった茶事で必要なものをうまく選び残して使うことに全力を注ぐ必要があった。

茶道は約束事の固まりのようなものである。この約束事を一応知っておけば、茶庭はそれほどデザイン、センスを発揮する必要はない。日本文化のほぼすべてにマニュアルがあり、茶庭の場合も、いろいろな基本のマニュアル素材と、方向、方法、材料がおのずと決まる。

お客さんが入って、最初に寄り合う場所を「寄り付き」という。ここにカバンや手荷物

高木邸

左手に、躙口《にじりぐち》の板戸があり、内露地の全景を見る。四つ目垣の内露地には、手水鉢を中心とした蹲踞を設けた。残念ながら、その蹲踞なども含め、長野県内は茶の文化は薄い。

裏千家流の先生であるため、その流派に合わせた蹲踞の役石など、鞍馬石の水鉢に役石などを合わせることが必要。灯籠は、桂離宮の水蛍形を据えた。桃山時代以後、竿《さお》を埋め、高さが調整できる灯籠が好まれてきた。灯籠の最大の役割は照明だからである。

を置いたり、コートを脱いだりする。皆揃ったら、庭の中にある場所で並んで待つ。その場所を「待合」といい、腰掛けて待つ所ならば「腰掛待合」である。合図があったら茶室に入るが、その前に蹲踞を使って、手と口をすすぐ。手水鉢と手燭石《てしょくいし》、湯桶石《ゆおけいし》、海、前石、後石など必要な石を役石《やくいし》と呼び、これら一式を蹲踞という。ほとんどの場合、さらに石灯籠が用いられる。夜の茶会などでは足元が明るい必要があるため、低い灯籠が多い。

小間（4畳半より狭い茶室）と広間（4畳半より広い室）では、茶庭の造り、マニュアルがさまざまに異なってくる。ここは4畳半の茶室であるが、小間扱いで、躙口での草庵風である。したがって庭も、そんな風に作庭をした。飛石は小振りなものを据え、手水鉢は天然の鞍馬石で、石灯籠も小さめで低く据え、入口の門も低く狭くした。このように全体を「わび」た感じに完成させた。

露地庭には、茶室と同じく、粗相《そそう》として造るという言葉がある。一見したところ粗末に見えるが、実は珍しい材料とか大変に古いものとか、めったに目にすることができないような石を集めたもので、成金趣味と対極にある庭造りといえる。

保刈康邸 茶庭

保刈《ほかり》康邸の、離れ風に造った茶室（4畳半）の庭。母屋《おもや》と渡り廊下とのあいだの中庭のような庭でもある。母屋や渡り廊下からは、裏の景色になるが、十分楽しめる意匠になっている。杉苔の地瘤の中心に設けたような四つ目垣の扱いがその表れである。敷砂利と杉苔の模様も楽しめる。飛石や延段《のべだん》も景になっているが、全体を締めているのが蹲踞の景であろう。古い建築を壊す段階で、古い庭の扱い方、新築する建築のレイアウト、茶室の平面図の作成などを設計家と並行して、私がアドバイスをした。

茶室、小間（4畳半以下、3畳とか2畳）の場合は、室内から外が見られないように、壁の中の小さい窓で明かりだけ入れる。心をこめて茶の湯の点前《てまえ》をし、亭主、客の動作に集中させるために、外に目を向けないように茶室内を造る。ここは4畳半であるが、広間としての室扱いで、障子2本（貴人口《きにんぐち》）に立ったまま入る。板戸と小さい躙口の両方を持つ場合は、広間と小間との中間であり、どちらでも使える。小間の場合は草庵、広間の場合は書院の室となる場合が多い。草庵の場合の茶庭は、全体にすべて小さく、狭く、低く、ひっそりとした庭を造る。

書院の場合の茶庭は、飛石は比較的大きく、高く打ち、石灯籠は室から見て庭のバランスを考え、大きくしてよい。手水鉢は立ったまま手を洗う高いものでもよく、また大振りなものを低く据えて、しゃがんで使用してもよい。全体の雰囲気のバランスで決める。2

四つ目垣で内露地と外路地で分ける。右方の飛石の先が、蔵を利用した腰掛待合。4畳半（京間畳）茶室は、小間としても、広間（ふつう6～12畳の部屋を指す）としても使えるようにした。

右の大きい障子の口が貴人口。左の小さいほうは、草庵風（小間風）にして、茶室内も道具を「しつらえる」のが茶の湯である。建築は他にも本格的な書院室があるため、茶室まわりは草庵風に、蹲踞も石灯籠も小さめに納めた。

つの広間が続いて、２つの沓脱石《くつぬぎいし》を据える場合は、上座の室は切石風の沓脱石とし、もう一方の室前の沓脱は自然風の少し小さめのものにする。ちり穴は書院前軒内で、四角形の比較的に大きなものを造る。

草庵式の場合、飛石は比較的小さく、自然石で低く据える。沓脱石は自然の形の平天のものを据える。石灯籠は低く、やわらかなものを据える。手水鉢は、自然石のものや、見立て物の石造物でも、古く年月を経た「わび」たものを使用する。ちり穴は軒内でも、丸形で小ぢんまりと設ける。延段は、切石の強いものを使わず、自然石の五郎太《ごろた》（10センチ前後）の、天の平らな石を選ぶことに留意しながら、小さい室に合わせた茶庭を造る。

茶室と茶庭について昔からいわれるのは、市中にいながら山居の姿を表す、すなわち町の中にいながら、山の中の小屋のような、静寂としたたたずまいや環境をもたらすことを心がけよ、ということだ。この庭は、奥さんが茶道をたしなむ関係で、小間の扱いでありながら、小振りで美しい茶庭ということをイメージしながら造った。茶庭に枯山水風に砂を敷くことは京都ではほとんどないが、山陰の出雲流作庭法の手法を取り入れてみた。飛石に天然の石を少し混ぜ、手水鉢は京都の桂離宮にある、二重升形の小振りの写しを据え、石灯籠は八角京都形という、スマートでおとなしいものを据えて、蹲踞とした。

また茶庭といっても、母屋の廊下から見る庭として美しくなるよう、四方正面の観賞庭園としての造りを考えた。茶庭には常緑の広葉樹のモチ、モッコク、シイなどが用いられるが、当地方は常緑の広葉樹が育たないため、落葉樹を主体として茶庭を造ることになる。

[上]玄関の入口のたたずまいを見る。[下]書院広間前の枯山水庭園。松なども以前の庭から移植した。

中村恒也邸 雑木の庭

［長野県諏訪市］

中央の母屋の両方に増築する計画の段階から、プロジェクトに参加した。中村恒也《つねや》氏（当時セイコーエプソン社長）は、セイコー時計の戦後のヒット商品のほとんどを手がけた技術者であり、デザイナーの面も持ち合わせ、日常生活の何事についてもこだわりを持っている人だ。氏が下した結論は、庭の場所によってスタイルを変えるというものだった。（1）アプローチは雑木の庭、（2）母屋の前庭は今までの洋風の庭、（3）奥の増築の数寄屋《すきや》、茶室まわりは茶庭風の庭。この3つの庭を違和感のない手法で続け、庭全体に一つのハーモニーが生まれるようにする、と決定した。

母屋ができたとき、洋風の池と芝の庭が造られていたが、これを残し、両側に和風の庭を造るというのだから、かなり難しい設計である。洋風の庭の芝生の中央に長い延段（敷石）を設けることで、洋風の四角の池と合わせて、和洋折衷のデザインとなり、すべてがうまく納まった。この大胆な延段が前後の庭をつなぐ役目を果たした。既存の庭がある場合は、その部分をいかに生かすかを考え抜かねばならない。この場合も、四角の池に合い、和風にも合わなければならないというジレンマが苦しく、かつ楽しかった。

飛石でまっすぐ打つか、芝生のままでおくのか、いくつかのスケッチを描いた。床の間の柱に、延段の中心線が当たり、その延段は2本を互いにするというテクニックは、出雲流作庭法に見られ、その美しさは日本の中でも群を抜くので、それを応用したが、出雲流

◉アンケートにご協力ください

・ご購入書籍名

・本書を何でお知りになりましたか

□書　店　□知人からの紹介　□その他（　）

□広告・書評（新聞・雑誌名：　）

・本書のご購入先　□書　店　□インターネット　□その他

（書店名等：　）

・本書の感想をお聞かせください

＊ご協力ありがとうございました。このカードの情報は出版企画の参考資料、また小社からの新刊案内等の目的以外には一切使用いたしません。

◉ご注文書（小社より直送する場合は送料1回290円がかかります）

書　名	冊　数

POST CARD

恐れいりますが
切手をお貼り
ください

113-0033

東京都文京区本郷
2-5-12
新泉社

読者カード係 行

ふりがな		年齢	歳
お名前		性別	女 ・ 男
		職業	
ご住所	〒 都道府県 区市郡		
お電話番号	– –		

中村邸 雑木の庭

芝生の中の、洋風の四角の池に合わせて、鉄平石の敷石にした。増築した、数奇屋の茶室風の広間に至る。塀を設けずに、混植の大刈込した庭はその頃、当地にはなかった。

中村邸の庭用の内玄関まわり　数寄屋風の増築では、広間の茶室を兼ねて入口とした。

を超えたデザインになったと思っている。

アプローチは雑木の庭。当地方の庭造りは、昭和40年代まで雑木（モミジ、カエデ、梅、シャラ他の落葉樹類）を自然の樹形として使うことはまったくなかった。モミジやカエデでも、玉の段造りにしたり、盆栽仕立にするものが多かった。当然に常緑樹は人工的な形（ローソク仕立）か、段仕立、盆栽仕立にした。自然樹形はこの仕立方に反するものとされ、抵抗感を持つ人が多かった。この庭を見てある庭師は「これは庭じゃない」と言ったという。私は東京で小形《おがた》研三氏の、そして京都で小島佐一氏の雑木主体の日本庭園を見てきたから、ほとんど抵抗はなかったというより、積極的に雑木の庭を造っていた。玄関の通路はさび砂利の洗い出しにして、Ｌ字型に曲げた。さりげない風情《ふぜい》を感じさせるように、雑木林を歩きながら入口に至る。

セイコーエプソンのトップをつとめた方に、新しい雑木の庭が受け入れられ、喜ばれたのは「既成概念のない庭」「型にはまらない庭」であったからであろう。塀は造らず、生垣風混植にし、雑木林と洋風と茶庭を連続した外観にする。これは今までになかった発想であり、刈込のない生垣風ということに決定。このことにより、一般的な瓦土塀風の堅さから脱したたたずまいになった。大刈込も、落葉樹、常緑樹をいろいろと混ぜ合わせた。秋の紅葉の時期などは特に風流である。

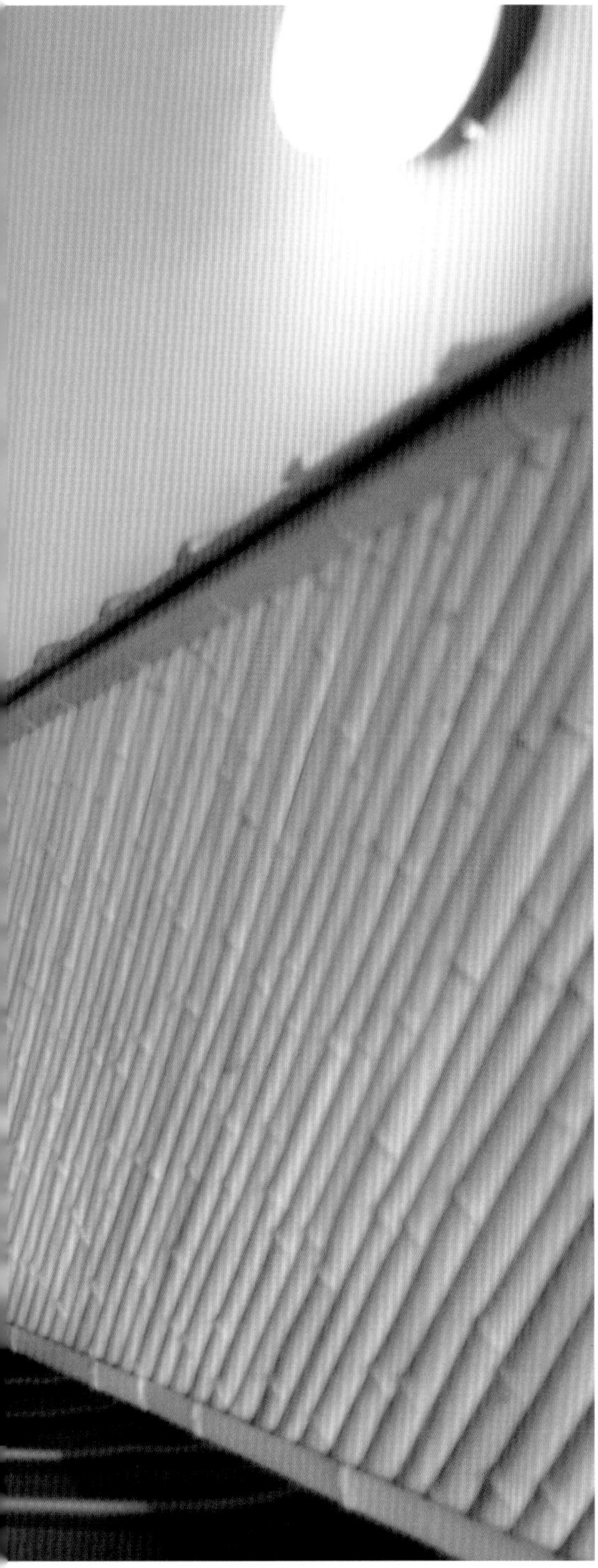

すぎもと旅館の地下道路室内露地

［長野県松本市］

全国的に人気の高い民芸調の旅館。古い建築を上手に改修整備している。私は十数年にわたって、建築のアドバイスをしながら、毎年少しずつ工事を行ってきた。旅館の前の道を、地下道でくぐって料亭へ行く。古くからある通路だが、古く暗い。そこで、水が壁に伝わらないように、少し壁より離し、竹垣で全面を囲って、露地道路とすることを提案した。最終的には、地下道以外の廊下も同じような竹垣通路になった。こういった場合、造る側が難しい課題に対し、楽しく面白く創作工夫をし、それをオーナーに説得し納得してもらうことによって物事が進むものだ。

すぎもと旅館の地下道路 室内露地

竹垣は階段に合わせて斜めにし、下の水平な竹垣は直にした。鉄平石の両側に、半丸竹を両側に留めて、ステンレスの鏡を張って、砂を敷き詰め、地下道をなるべく低くした。

天井はよしずを留めて、簡単に取り替えができるようにした。

突き当たりやコーナーを床の間風に仕上げた。竹籠を照明に利用。

第4章

室内庭園、ベランダ庭園

近年、高層建築の中に庭を造ることが流行している。熱帯の植物園、洋風の花畑のような庭、和風の坪庭《つぼにわ》など、さまざまであるが、2階以上に設ける坪庭では、防水工事という難しい問題が生じる。かつてないものを造ることは大変であり、資料も現物もないから、手探りで進めていくしかない。

今までの経験からすると、池とか滝とか風呂といった水と接する部分は、設計士も施工屋、職人たちも気をつかう。「下の階へ水が漏れたら大変だ」と言って、一生懸命に工事をするのだが、少し離れたところで気を抜く傾向がある。ある旅館の2階で水が漏った。「3階の庭園からか？」と、庭を至るところ掘って防水シートを確認したが、破れてはいない。風呂場の隅に半坪ばかりの坪庭を造ったが、その風呂の天井の露がガラスを伝わり、ガラス下面のサッシ下面に落ちていて、そこに防水シール（コーチング）をしていなかったことがわかった。壁とサッシの下面であるから、一般の室なら水が入ることはないが、風呂場のため水が伝わったのである。

別の例だが、2階の池を造ったとき、ゼネコン側で防水工事をしたが、見ていると、水と接している部分の工事は気をつかうのだが、土に覆われてしまうところでは気を抜く。したがって手を抜くことになり、水が抜けるということがあった。このように近代建築のホテルや旅館などのほとんどの庭園や風呂は、水が漏ると考えたほうがよい。二重防水をしたからといっても、また職人が同じ防水を二度しても駄目だという例が多い。

日本では昔から、屋根に金をかけている。お寺の本堂などは屋根ばかりの建築といってもよいくらいだ。それは、日本は雨が多いからである。屋根のない現代建築を造って水を保たせるには、神業に近い技術を要するということを、今の人たちは気がついていない。それならば、漏ってもよいようにビルの下層を考えるのも手である。あるホテルでは、流水と池の庭の下は駐車場として設計した。物置と便所にするものよい。こうした柔軟な発想の設計が大切であろう。

上諏訪温泉 浜の湯 室内庭園 ［長野県諏訪市］

古くからの木造建築を全面的に壊して、12階の高層和風ホテルに建て直すという計画であった。設計者は、20年のあいだ日本一の名旅館と讃えられた和倉温泉（石川県）「加賀屋」を設計した、山本勝《やまもとかつ》建築設計室の山本勝昭氏である。和風ホテルでは、庭がとても大切である。したがって設計段階から、プロジェクトチームによばれ、建築がほぼ完成した最後の段階で10ヵ所の作庭をした。その多くは、室内とかベランダ、軒内の下といった、建築がらみの工事となり、神経と体力を要する工事であった。ほぼ8ヵ月分の、きわめて質の高い10ヵ所もの庭園を、オープン前のわずか1ヵ月で仕上げるというのだから、まさに死にものぐるいの戦いであったが、完成後、「庭は加賀屋を超えた」と施主と山本氏に喜んでいただいた。

浜の湯室内庭園

［右］ホテル内の「流れの庭」の全景を、2階料亭から見る。この庭造りの参考にすべき庭は、全国的になかった。［上］玄関前、西ノ屋形の石灯籠は西村金造作。

浜の湯の庭園と滝

[上]浜の湯広間の2階の東庭園。

[下]2階からの布落ち滝。滝は滝板石とガラスで布落ち。1階には水を背にするカラオケスナック。

室内の場合、植物の生育に必要な水、空気、温度、光、土などをいかに自然に近い状態にするかということが一番の課題である。そこで東京周辺の、いろいろな室内庭園を見て歩いたり、資料を探したが、参考になるものはほとんどなくて困った。そうこうしているうちに、このホテルの庭園の最大のテーマは「大型盆栽」であると思い至った。そこで人工地盤のコンクリートの排水をよくするため、70センチぐらいの客土ができるよう設計してもらった。水はけをよくする大粒のパーライトを10センチほど敷き詰め、その上にプラスチックの網を敷き、客土とした。客土には盆栽用土の鹿沼土、赤玉土、富士砂、腐葉土などを各10パーセントほどの割合で、黒土（畑土）に混ぜた。おかげで排水は今でもとてもよい。

樹木はいろいろなものを植えたが、やはり自然の中でないため枯れることが多く、だいたい2年ほどで交換をしながら保存している。夜露が当たらないと、植物は育たない。植物を大切にすることは自然を知ることであり、自然の一部である我々人間を大切にすることに通じる。

このような室内庭園や坪庭では、建築家との打合せが一番大切である。設計図が読めなければ、障子を雪見にするとか、濡れ縁を付けるほうがよいとか、排水傾斜にコンクリート面を付けるとか、材料の搬入をいつ、どのようにする、といったアドバイスをすることができない。庭は建築と一体となってこそ、その魅力を発揮する。特に日本庭園の場合は、建築と庭の一体感が世界中の庭造りの中で最も強い。

浜の湯 料亭室内庭園

浜の湯の2階の１００畳の和風大広間の入口に、ベランダ式に設けた庭園。軒下でないため、樹木や草に雨が直接降り注ぎ、夜露が当たるので、成育の条件がとてもよいと判断し、比較的大きなモミジの株立《かぶだち》をメインにした。京都風の枯山水《かれさんすい》坪庭である。庭の背後の塀を、低めの瓦土塀風にして、開放的な坪庭としてみた。ガラス4枚という設計であったが、中央を一枚大ガラス、そして両脇にドア、と変更してもらった。またガラスの手前廊下内側に化粧砂を敷く部分をつくり、外と内の一体感を持たせるようにした。

ベランダの場合も、室内と同じように大型盆栽という発想で、客土は鹿沼土、赤玉土、腐葉土を黒土に10~20%ぐらい混ぜて植え込んだ。下層の10センチにはパーライトの大きめのものを入れた。パーライトは大変に軽いので、重量については、普通の砂利を敷き詰めるよりはるかに安心できる。保水力があり、水はけもよく、土壌改良に大変によい。

日本列島の土の質は最上である。日本人は、この田や畑の土づくりに幾千年も生命《いのち》がけで挑んできた。したがって日本の文化は、木と土、草を基本とし、季節をテーマにする文化が多い。まさに農耕民族の文化であり、その代表こそ「庭」である。自然の土、木、草、石、苔《こけ》、砂などを使って、空想の世界や宗教的な世界をつくり上げ、それを千年以上も続けている。そして伝統を守りつつ変化を生んでいる。とすると、これから多くなるのがマンションなどのベランダや、室内庭園、屋上庭園であろう。

竹垣が、相向きの料亭が見えすぎるのを防いでいる。「見えるをもって見ざるは日本の御簾《みす》」というが、その意味では、竹垣などは実に日本的といえるかもしれない。この光悦寺垣《こうえつじがき》も創作である。

ベランダ2階に造った枯山水の小さな庭。モミジの株立と自然風の梵字《ぼんじ》形灯籠。ガラスは4枚の設計であったが、真ん中の1枚が大きく、両側のガラス戸が移動する。

雪の降った風情がよい。ガラス戸のフィックス窓の手前も、白川砂を入れることにより、外と内が一体的に見られる。

藤井荘 ベランダの庭

［長野県上高井郡高山村］

山の奥深く、谷間の傾斜地にへばりつくように階段状に造られた、４階建ての鉄筋コンクリートの和風旅館。長野県のベストワンの座を20年近く保っている名旅館だ。張り出している数メートルのベランダにいくらかの樹木が植えられていたが、満足できるものではないので、毎年少しずつ改修、改作、作庭をしている。このベランダの庭のテーマは、背景の自然の山を引き立たせるため、平庭《ひらにわ》式枯山水としたが、大海を彷彿《ほうふつ》させる州浜《すはま》曲線を

藤井荘ベランダの庭

赤色の毛氈《もうせん》を敷いた腰掛けが美しく、山の緑色と花の黄色と調和している。日本建築は、柱は垂直であり、梁《はり》は水平であり、「縦」と「横」が主だが、この建物ではそこに「曲」の、竹の美しい線が組み合わさっている。

建物そのものが、山の谷間の傾斜地に建てられているため、各階に、多くのベランダ風の土間コンクリートの庭がある。
山に雪が降る前に、竹垣は軒下に移動させ、春になったら出す。

五郎太石《ごろたいし》の敷石で手前に取り、目地モルタルを赤としたモダン枯山水である。自然と緑とモダンが渾然一体となり、客の評判も上々である。

毎年少しずつ直したり改作するのはリピート客の楽しみになるので、旅館とホテルの庭の場合は、一度に完成させず、あえて少しずつ造ってゆくのも、経費の面と客への心遣いの両面でよい方法だと思う。ただし年々良くなって、客を感動させることができなければ、改作しないほうがよい。庭造りの最大の目標とは「見た人に感動を与える」「心に安らぎを与える」ことであるからだ。建築設計は、加賀屋、浜の湯の設計をした山本勝昭氏の独立後の処女作である。

藤井荘の客室から見た、山の木々と軒下の石庭。「シンプル・イズ・ベスト」を体現している砂と石。このような場合は、水平に砂を敷くのがコツである。

廊下の突き当たりを利用して、坪庭とした。このセンスのある建築設計家は山本勝昭氏である。

客室から見た光景。色鮮やかな赤い毛氈と丸い座布団が、自然を美しく見せている。手すりも座布団も低く、薄く、上品さを感じる。

白船グランドホテル「一木・一石・一灯」の和庭

［長野県松本市］

上高地の手前、信州の秘湯といわれる白骨《しらほね》温泉。そこにある白船グランドホテルでは、数年前から建物の改造をしてきて、平成12年度から外回りの庭園・塀・駐車場などの整備環境に入った。

まずは、食事処の「かすみの庭」からスタートする。

和風座敷から見る枯山水の庭は、自然の山々が見える美しさで、「山が立っている」という。実にすばらしい景色である。

白船グランドホテル「一木・一石・一灯」の和庭

和食堂前の庭。苔の地模様は、修学院《しゅがくいん》離宮の手すりの釘隠《くぎかく》しを写したもの。

冬の雪が2、3回降ると、窓より高く雪が積もり、庭は見えなくなる。九州や台湾とかベトナムのような、
雪が降らない国の人々は、こうした光景を見て喜ぶ。

「休の処《ところ》」前庭。風呂から上がった休みどころの庭の、秋の風情。信州の日本庭園は、最も紅葉が美しいが、手入れを変えないと、京都の紅葉にはかなわない。「透かし」が大切である。

庭としては、このすばらしい自然を引き立たせるため、「一本・一石・一灯」の庭としたことが特徴である。台杉を1本、高桐院《こうとういん》形灯籠を1基、地元の白骨温泉石を1石、そして、そのまわりを「かすみの苔模様」にした。私が一番気に入っている修学院離宮の「釘隠し」のデザインを写させてもらったものである。

灯籠は、京都の石工 西村金造氏の傑作である。高桐院形灯籠は京都の大徳寺高桐院にある、最も有名な灯籠の一つである。この灯籠は、千利休《せんのりきゅう》が所持していたもので、秀吉が所望したところ、わざと笠を欠いて断り、その後弟子の細川三斎《ほそかわさんさい》に譲ったといわれるものだ。

三斎は、この灯籠を非常に愛し、江戸時代、参勤交代のときも江戸にまで持って行ったという。そしてその死に際しては、自身の墓とし、現在も高桐院に保存されている。茶道を志す人であれば、一度は見ておきたい灯籠であろう。さすが千利休が選んだ名品である。

庭の飛石は、四角の御影石《みかげいし》を「直線」と「大曲」の打ち方をした。このように天然石をデザイン的に打つのは、小堀遠州《こぼりえんしゅう》が好んで使った手法である。

砂にはさび砂利を敷き詰めた。ホテルの2階の屋上庭園とこの庭園と連続した庭となり、完結した。

T字型の突き当たりの廊下に設けた坪庭と室内庭園。正面に鏡を張って、坪庭を広く見せ、灯籠と水鉢と砂だけにし、障子立てによって、自分の姿が写らないようにした。蛍光灯が見えるのを竹すだれを垂らすことによって隠し、坪庭になる。

日本庭園の庭造り

日本人の美意識は清潔であることだ。日本の庭園の管理の基本は「掃除」と「水やり」「草取り」である。日本人が最も美しいと感じることは、清潔さである。幕末の1865年、世界旅行の途中に日本を訪れたハインリッヒ・シュリーマン（ドイツ）は、「日本人が世界でいちばん清潔な国民であることは異論の余地がない」「豊顕寺《ぶげんじ》では、どの窓も清潔で、桟《さん》には埃《ほこり》ひとつない。障子には裂《き》れ目のない白紙がしわ一つなく張られている」と、その旅行記の中で述べている。現代でも同じく、最も嫌いなタイプの男は不潔な人だと日本女性は言う。清潔さを求めて、人は家の中を掃除し、雑巾で磨き、庭は打ち水をして掃き清める。

私が住む長野県は寒さと乾燥が強い地方である。そのため藁《わら》による冬囲いは冬の風物詩となってきたが、近年、人の手間のかかることをしなくなり、冬囲いはあまり見られなくなってきた。私は岡山県から畳表のイグサを取り寄せて、冬囲いをする。藁と比較にならないほど品よく美しい。藁を揃えてスグって編む必要がないうえ、イグサはすぐに使え、材料費はやや高いが便利なため、旅館、ホテル、店などでは大変に好評である。

庭師は庭造りの片手間に、正月の飾り付けなどもする。玄関の正面に一対の正月飾り、すなわち門松（松飾り）を飾るのだ。七日正月までを松の内といい、そのあいだだけこの門松を飾る。日本人は季節の間をいろいろな儀式や祭りで区切りを付ける。それを「節目」という。

木の移植

庭木は生命のあるものであるから、移植には時期がある。大きく分けて、落葉樹は葉のないとき、常緑樹は芽の出る前後が最適である。まず木の根の周囲を測り、その周囲を半径にして、根を掘る大きさを決める。幹の太さが20センチとすると、直径1メートルのところで円を描き、それが根を掘り出す大きさとなる。

竹垣

竹林の多いアジアの中でも、最も竹垣の発達した国は日本である。庭で使用する竹垣は日本特有のものであり、日本庭園の工事の中で、敷石と竹垣は最も手間のかかるものである。竹垣は平安時代の絵巻物にもしばしば描かれていた。いつ誰が造り始めたという確証はないが、竹そのものは日本中に草と同じように生えているもので、桶、水筒、竹細工、建築材、小屋にと、さまざまに使われてきた。材木と違って、適当に切って使っても、所有者から怒られることはなかったようである。

手づくりの竹垣が庭に造られていると、庭の雰囲気がやわらかくなり、より自然風な庭になる。土塀や板塀より一層「わび」た感じの庭園になる。日本庭園の中で、竹垣の占める役割はかなり大きい。もし庭造りで竹垣と敷石を抜いてしまったら、田舎臭い駄作になると常々思っている。しかし今日のように、人間の手間賃が高くなると、桂垣などのように手間のかかる仕事はやがてなくなってしまうだろう。しかも本格的に桂垣ができる庭師が少なくなっている。

その代わりいろいろな竹垣が、偽物（プラスチック、塩ビ、グラスファイバー）などの素材によって数多く出まわっている。ユニット式になっていて、素人でも器用な人ならできる。日本では砂を水と見立てた枯山水が、池の庭よりはるかに芸術的に高度になった。おそらくニセモノ作垣も、本物以上に本物の時代が来ることだろう。

冬囲い

冬囲いをする所は、日本にそれほど多くはない。青森県のように1メートルも雪が積もれば冬囲いの意味がなくなる。全国でも最も美しい冬囲いは当地方（長野）である。雪吊りは金沢の兼六園が最も有名。枝が折れないようにする。

長野県の冬囲い

庭から花を追い出した生花

日本の生花は、供花《きょうか》、そして仏や神に花を献げる献花から始まった。中世以後、日本は「床の間」をつくり、そこに花を生けるようになった。庭に咲き誇る花と同じものを床の間に見ても面白くないので、花は裏庭や畑に植えることになる。床の花と庭は一体的に考えなければならない。

白川砂がよく使われる理由

砂は一般的にその地方にあるものを使うが、一番多いのは御影石《みかげいし》の砂であり、なかでも京都の北白川に産する白川砂がよく使われる。お寺など軒の深い建物は、この砂によって光が反射し、家の中が明るくなることが、第1の理由である。また3〜6日に1回、砂紋《さもん》かきで筋を付けると、モヤシ状態で芽が出た雑草が引っくり返って枯れてしまう。除草作業の早手回しになるというのが第2の理由である。

掃除と庭の管理

日本のように高温多雨の国では、土質が良い場所は、雑草との戦いが庭の管理の最大の作業になる。

掃除も、庭の管理では大切なことである。禅宗の修行は「掃除に始まり掃除に終わる」といわれるが、きれいに掃除された寺院内ほど美しいものはない。それは一般の住宅でも同じことである。日本人は竹ぼうきで掃除をすることで、芽の出始めの雑草を引っくり返して除草をしたのである。

黒土を見せない

京都の庭と田舎の庭で肝心なのは、地肌（黒土）を見せないことである。土には雑菌バクテリアが多く棲み、落葉や藁《わら》、糞《ふん》などを分解して、植物が吸う水に溶け出ている。雑菌が多い土地は、人間が病気、特に皮膚病などにかかりやすい。砂という、菌のない綺麗なもので土を被《おお》うことは、その雑菌を防ぐと同時に、美しさももたらしてくれる。

どんな砂を使うか

どんな砂でも、粒子を区別して、袋入りか、産地では立方メートル単位で売られている。私は広い面積の場合と小さい坪庭の場合とでは、砂の粒子を変えている。庭が3〜20平方メートルぐらいの面積では、3ミリ目を通した細かい砂（コスと呼ばれる）を用いる。庭の広さが100平方メートルを超える場合は、俗に「豆」と呼ばれている粒子の砂を使う（3ミリ目から5ミリ目の大きさのもの）。枯滝口《かれたきぐち》などには、すべらないように5ミリ目から10ミリ目の大きさの粗い粒子砂を使うようにしている。

砂紋は、砂の粒子が細かいほど美しいが、大雨などで崩れてしまう。一方、大きい粒では、庭が荒っぽく見える難点がある。どの砂を使うかは、庭のテーマによって決まってくる。

砂紋かきの用具

砂紋かきの用具には一定の規定はなく、竹熊手でも、板に釘を打ちつけたもの、板を鋸《のこぎり》状に切って棒を付けたものなど、さまざまだが、私の場合、板を10センチ幅で長さは300センチと400センチの2種類を造って、庭の広さによって使い分けている。竹ぼうきの古いものでかいてもよいが、これでは砂の山と谷がよく見えない。既製の品としては、落葉をかくときの竹熊手の一番粗いものとか、土をならすときに使うレーキのようなものでも使用可能である。

あとがきに代えて——庭造りの魅力

私の祖父（小口吉雄）は小さい頃から盆栽と庭いじりが大好きであったという。田畑の仕事から帰ってきて、庭に水をまいて、盆栽に水をやらなければ、どんなに暗くとも食事は摂らなかった。大農家であった私の家は、水田、畑、家畜、養蚕と超多忙であった。少年の私は将来、年数はかかるが、盆栽庭木類を育てていれば、10年、20年後には世の中がもっと豊かになって、高く売れるかもしれないなと思っていた。大学も、そんなことを学ぼうと思って、東京農業大学の造園科に入学した。

1ヵ月くらいたって「日本庭園研究会」の会員募集の広告が目に入って、説明会を聞きに行くと、「連休に、小石川後楽園の庭園を説明するから、集まるように」と言われた。当日、飛鳥井《あすかい》雅之先輩から説明を聞いて、カルチャーショックを受けた。庭とはなんと奥深く、長い歴史があり、そして他の文化と幅広く関わっていることか。

「先輩、樹木の名前を教えてください」と言ったところ、「君、大学で、木の種類なんか覚えたって意味がないよ。大学では、ものの見方、考えを養う、すなわち哲学をする。これが大事なんだ」ときっぱりと言われた。そこで、庭の探究と哲学についての勉強が始まった。学校の休みは日曜日を含めて、すべて庭めぐりの日々であった。多い年は年間１００日ぐらい、古庭と古建築と古石造美術めぐりをしたものだ。

そうして、かれこれするうちに、50年近くたった。「龍《りょう》安寺《あんじ》の石庭を超える庭を造りたい」「歴史に残る庭を造りたい」と思いながら、４００近くの庭を造り続けてきた。だが、いまだに龍安寺の石庭は高い塀である。

自分の庭を自分で造る、これは最も理想的であり楽しいものである。私の祖父も庭師を使って、一生かかって自宅の庭を造った。とはいえ、庭についてかなり勉強しないと、メチャクチャな庭ができることが多い。私は日本全国の数千庭を見て歩いたが、素人庭師の最大の欠点は、「我慢」ができない庭造りである。何でも入れ、何でも植え、欲しいものを欲望のままに入れてしまうのである。日本の文化は「我慢の文化」である。その修業を続けた人たちが造り続けた世界であるから、欲望のままでは日本庭園ではなくなる。人間の造ったものには、その人間の気持ちが表現される。作品には作者の「気」が移る。その「気」の持ち様を修練という修業で高めることが必要である。その「気」を集中させるためにも、テーマを持つことが肝心である。

　日本庭園には、池庭、枯山水《かれさんすい》、茶庭、雑木《ぞうき》の庭、石庭など、いろいろなスタイル（様式）がある。それらの中からどんな物を選ぶかが大切である。初心者は、材料から入ってしまいがちである。形のよい松や気に入った石を手に入れたからといって造った庭には、見る人の心に訴えるものがない。ただ材料を整理しただけの庭になりがちだ。

　画家、書家、陶芸家は等しく何を創るか、何に用いるか、というテーマ（主題）を決めてから創作を開始する。庭の場合、迷う場合はテーマを２つ３つ、たとえば石庭のテーマ、雑木林のテーマ、茶庭のテーマと決めて、それぞれのイメージスケッチをする。それらの中から、自分の人生観や家のデザインに合っているものに決定する。

　庭は生きものであるから、毎日の散水、草取り、防虫など、わが子同様に愛して管理できるかなど、造った後のことを考えながら、庭のテーマやデザインを決めることが重要である。造る前より、造った後のほうが大切であることが多い。

　日本文化は、見習い、学習し、体験や稽古や修業を長く続けないと、見極めができない文化であり、日本庭園造りもそうである。だが、本書で私は、実際の例を紹介しながら、読者が自分自身でも庭造りができるように、その要点を、順序立てて、できるだけ具体的に紹介した。

著者略歴

小口基實　作庭家

おぐち・もとみ　東京農業大学卒業。1966年より庭園の研究・調査を始め、日本全国と世界の庭園を歩く。東京・京都で庭師の修業をし、長野県岡谷に帰省。1973年より作庭活動を始める。坪庭から庭園まで約400庭を作庭。代表作に、諏訪湖畔公園（監修・黒川紀章）、コリア庭園（横浜市）、ホテル浜の湯（諏訪市）、明池庭園区内日本庭園（台湾）、さだまさし氏庭園、レストラン柿次郎庭園（桑名市）、龍虎の庭（米国マンザナール）などがある。1997年、ウィーンのシェーンブルン宮殿で復元整備と作庭。著書に「武学流庭園」「出雲流庭園」「琉球・薩摩の庭園」「信州の庭園」（全10巻）「信州の庭園めぐり」「小庭園と坪庭のつくりかた」「楽しい庭造り大百科」（全5巻、共著）「庭と文化とその心」「韓国の庭苑」「日本庭園の作り方」（英語版・フランス語版・イタリア語版・スペイン語版）などがある。講演は1000回を超える。日本庭園協会賞造園大賞を受賞。NHKテレビ「課外授業」などに出演。

庭師《にわし》の匠《たくみ》が説《と》く　日本庭園《にほんていえん》の魅力《みりょく》

２０２０年４月21日　第一刷発行

著　者　小口　基實

発行者　株式会社　新泉社
東京都文京区本郷２-５-12
電話　03（３８１５）１６６２
Ｆａｘ　03（３８１５）１４２２

印刷・製本　株式会社　東京印書館

©Motomi Oguchi 2020 Printed in Japan
ISBN 978-4-7877-2010-8　C0070
本書の無断転載を禁じます。本書の無断複製（コピー、スキャン、デジタル等）並びに無断複製物の譲渡及び配信は、著作権法上での例外を除き禁じられています。本書を代行業者等に依頼して複製する行為は、たとえ個人や家庭内での利用であっても一切認められておりません。

装幀・本文デザイン
白石良一
丸山太央（白石デザイン・オフィス）
編集協力
倉持哲夫（武蔵エディトリアル）